〈若者〉の溶解

川崎賢一
浅野智彦
［編著］

勁草書房

はしがき

浅野智彦

1　空転する若者語り

「〈若者〉の溶解」という本書のタイトルはやや奇妙に響くかもしれない。少子化によって数が少なくなったとはいえ、「若者」は私たちの目の前に存在しており、さまざまな問題を身近な大人たちに、あるいは社会に向けて投げかけているのだから。「溶解」という言葉で私たちが表現したいのは、そのような「若者」たちがいなくなる、といったことではない。

では何が「溶解」しつつあるのか。社会の中であるいは社会についてさまざまな現象を切り出したり、読み解いたりする際の枠組としての「若者」が溶解しつつある、というのが私たちの答えである。

人が社会について何かを語ろうとする時、その「何か」を「何か」として浮かび上がらせるための枠組をつねに必要としている。「若者」はそのような枠組の一つである。「若者」という枠組なしにはありえないようなさまざまな語り方をこの社会は生み出してきた。本書が社会学者によって書かれたことからわかるように、「若者」は社会学者が社会を語る際の重要な鍵概念として重宝されてきた。教育学や心理学にとっても事情は同様である。教育学と心理学との交わる領域には、「若者」あるいはそれと近接する「青年」という概念抜きには、そもそも学問的な体系として自律しえない部分さえあるだろう。

そのような学問的な分野だけではない。一九九〇年代末にフリーター問題が浮上して以来、「若者」は就労支援を中心とした諸政策の対象として、さまざまな語りを組織する焦点となってきた。市場においては、「若者の○×離れ」という言い方に象徴されるように、消費主体としての「若者」が（あるいは思う通りに消費の主体となってくれない「若者」が、というべきか）マーケターたちの語りを増殖させていく。いわゆるジャーナリズムの領域に目を転じてみても、新しい風俗はしばしば「若者」と結びつけて紹介され、世論を沸き立たせる。最近でいえば、スマートフォンやソーシャルメディアなどに関わるさまざまな話題は、その典型である。

このような語り口はしばしば、キャッチフレーズの形に圧縮され、時代を映し出すキーワードとして人口に膾炙してもきた。「モラトリアム人間」「カプセル人間」「新人類」「パラサイトシングル」「ひきこもり」「フリーター」「ニート」「さとり世代」「地元志向」等々。これらのキャッチフレーズに人々が惹きつけられたのは、若者の特徴を通して時代や社会のあり方が浮かび上がってくるという理解が共有されていたからであろう。「若者がわからない」という感覚は、「若者がわかれば現代社会がわかる」という期待と表裏一体である。実際、この期待はある程度まで実態に対応していたといってよい。

「〈若者〉の溶解」という本書のタイトルは、このような期待と実態との対応関係が崩れつつあるという事態を指している。もちろん、若者についての語りは、今もなお旺盛に生み出されつづけている。だがそれらは、社会や時代のあり方を集約する働きを漸減させ、空転するようになってきてはいないだろうか。

例えばさきほども例に挙げた「若者の○×離れ」を考えてみよう。「○×」にはさまざまな項目が入り得る。お酒、車、洋楽、テレビ、新聞、活字、等々。それらを商品として売る側からすれば、かつて存在した市場が失われることは大問題であろう。だが、そこで描き出されている若者はいったい何者なのだろうか。注意深くみてみれば、その「若者」は、「かつての若者のようには○×にお金を使わない」ものとして描き出されている。端的にいえば、それは「〈消費の旺盛さという観点からみたときに〉かつての若者ではない」若者である、といわれているのである。この描像は、「何ではない」かという点については雄弁に語っているが、「何であるか」については何も語っていない。むしろ、それが語っているのは過去の若者であるということもできよう。旺盛に消費してくれた過去の若者たち。その像にマイナスの符号をつけたもの、それが「若者の○×離れ」語りだ。過去の若者（もう少し正確にいえば、その残像のようなもの）についての語りとしては饒舌ではあっても、現在の若者については驚くほど何もいっていない（「～でない」としかいっていない）。「バブルの頃の若者はあんなこともこんなこともしていたのに、今の若者は何もしないのだな」という慨嘆。それは、ある種のノスタルジーとしては饒舌であるが、現在の若者についての語りとしては空虚である。先ほど若者語りが空転しているのではないかと述べたのは、例えばそのような事態を念頭に置いてのことである。

2　語りと実態との解離

政策という観点から若者語りをみてみると、若者という概念の輪郭の溶解はさらに明らかである。例えば、若者と子どもに関わる政策の基本的な指針を定めた政府の文書である『子ども・若者ビジョン』によれば、「若者」という言葉はおおむね三〇代までを指すものと定義されている。つまり政策の対象としては、三九歳までを若者として扱おうということだ。余談になるが、社会学者をはじめとするさまざまな研究者が応募できる公的な補助金（「科学研究費補助金」）があるのだが、そこにも「若手」限定の枠がある。このときの「若手」の年齢制限は四三歳となっている。研究者は、

『子ども・若者ビジョン』にいう若者でなくなった後も数年間は「若手」でいられるというわけだ。

「若者」の外延が年齢軸の上方へ向かって延長されていった背景には、一九九〇年代後半以降の若年雇用をめぐる環境の変化があった。その時期に起こったのは、高度成長期から一九七〇年代にかけて整備され定着していった移行過程（学校教育から労働市場へ移行していく過程）の仕組みが機能失調に陥るという事態であった。バブル景気の終焉、産業構造の変化、あるいは企業の戦略の変更等々の要因が重なりあい、若年労働市場はこの時期に急速に縮小した。その結果、例えば高等学校と企業との間の長期的関係に基づいた就職斡旋の仕組みはうまく機能しなくなり、多くの高校生が進路の定まらないまま卒業せざるを得なくなった。大学生の就職活動においても内定を得られず卒業後フリーターとなる学生が増えると同時に、就職活動に割く時間と労力はきわめて大きなものになっていった。このように従来の移行過程からこぼれ落ちる若者が増加し、しかもこぼれ落ちたまま労働市場の周辺部から抜け出せないでいる時間が長期化するに伴い、若者を対象とした労働政策はその対象をより年長のものへと拡張していかざるを得なかったのである。

現在から振り返ってみれば、高度成長期からバブル期にかけて形成・定着した移行過程のシステムが歴史特殊的なものであったとみることもできる。例えば、教育社会学者の本田由紀は、これを家族・学校教育・企業の三角形モデルとしてとらえている（本田 2014）。企業は家族を養うに十分な給与を支払い、家族はそのお金（と専業主婦というマンパワー）を教育に投資し、学校は教育した生徒・学生をその成績に応じて移行過程のパイプラインに流し込む。この連携がうまく機能しているかぎりにおいて誰もがそれなりの生活水準を達成できるようなシステムが成り立っていた。
乾彰夫が「戦後日本型青年期」と呼んだ青年期のあり方は、このようなシステムの上になりたっていた（乾 2010）。そしてこのような青年期を送った若者たちは、階層や階級の違い（あるいはジェンダーによるライフコースの分断）をあまり意識することなく、また政策的な介入をさほど必要とすることもなく、人生を歩むことができた(1)。

それらを意識せずにすんだのは当の若者たちだけではない。若者を研究する社会学者の側も同じであった。同時代の他の先進諸社会においては、一九七〇年代後半以降の景気後退の中で、多くの若者が職を得られず社会の中で周辺化されていった。若者研究者たちは、この現実を前にして、階級・階層、労働、政策的介入などを強く意識した研究を展開することを余儀なくされていた。他方、日本の若者研究者たちは、そういったことをあまり意識せず、むしろ定数のごときものとして背景においてきた。それらが背景に沈むのと引き換えに浮かび上がってくるのが、文化であり消費でありコミュニケーションである。日本の若者研究（そしてそれと軌を一にして増殖した若者論）は、一九九〇年代後半までそれらの主題を中心に展開していった。

だが、このような青年期は、移行過程を含む三角形モデルの失調によって現実的な基盤を失った。政策における「若者」の定義の拡張は、そのような事態の一つの現れである。それと同じように、同質的な若者を想定し、彼らの文化や消費、コミュニケーションなどを主たる対象としてきた語りもまたその基盤を失う。文化、消費やコミュニケーションの共通性によって若者の動向を一元的に理解しようとすることがますます難しくなっていくのである。同じようにスマートフォンを用い、同じようにLINEでやりとりしていても、居住地の異なる、あるいは階層の異なる若者たちを一括りにして扱うことがますます難しくなっていく。無理に一括りに扱ってしまうと、その結果として出てくるものはいったい何についての報告なのか判然としない。

それらの主題にかわって一九九〇年代末から前景化するのは、若者の労働条件をめぐる議論だ。フリーターやニートといった人目を引くキーワードとともに若年労働市場をめぐる問題はおおいに盛り上がった。だが、当時フリーターであった世代（いわゆるロストジェネレーションと呼ばれた世代）が、その後も相対的に苦しい状況におかれていることからもわかるように、実はそれは若者の問題ではなかった。それは日本の雇用慣行のあり方に根ざす問題であり、その問題が最初に顕在化したのが若者層であったために若者の問題にみえていただけだ。議論が深まるにつれて、それは若者論ではなく、労働経済や労働法、労働社会学の問題へと解消されていく。

若者の変化を語るはずの言説は、その変化を変化として検出するための定点の喪失ゆえにその対象を見失う。それどころか、そのような喪失は、現実の側が変化の語りを織り込みながら再編成されていく結果として加速されたものであるとみることさえできるだろう。このような変化の変化が生じる社会を（川崎賢一の用語を借りて）「トランスフォーマティブ社会」と呼んでおこう[1]（川崎2006）。

3　若者論のゆくえ

それでは若者論あるいは若者を対象とする社会学はもはや不可能なのか。不可能である、と答えるのも可能な一つの立場である。少なくともこれまでと同じように対象としての「若者」の実体性・同一性をあてにすることは難しい(3)。

だが本書では、それとは違った立場に立つ。そしてこんなふうに問うてみたい。もし今もなお若者論が可能であるとするなら、それはどのように問いを立て、どのように調査を行うことになるのであろうか、と。共編者である川崎賢一と本書の構想を練りながら、三つのやり方が検討に値するのではないか、という結論に達した。

第一に、人類学的な水準とでもいうべきところに立って、どのような社会にも一人前の成員と庇護されるだけの成員との間に中間的な状態があるという単純な事実に照準するやり方。赤ちゃんと大人との間にはどこかで一人前になりつつある、しかしまだ一人前ではない状態の人々、それも年齢的に似たような人々が常にいる。そのような共通性に着目することで若者論を継続することがなお可能なのではないか。このような議論は、「○×の誕生」といった差異や断絶を強調するよりも、共通性を前提にした比較を目指すものとなるだろう。

第二に、「若者」一般を対象にすることを断念し、経験的な研究の有意義さを確保できる程度に応じて対象を具体的に設定するというやり方。いわば中範囲の若者論である。若者をひとくくりに扱うことが難しいなら、ひとくくりにすることが有意義であるようなより限定された範囲の若者を対象とすること、そしてそうやって得られたさまざまな「若者」像をつき合わせて比較すること、そういったことをこのやり方は目指す。地方の若者と大都市圏の若者、男性と女性、正規雇用と非正規雇用、等々。連辞符社会学をもじっていえば、連辞符若者論とでもいうべきものとして若者論を展開するのである。

第三に、「若者」およびそれに関連する諸カテゴリーの運用それ自体（その中には当然社会学的な若者論も含まれることになろう）を対象として社会学的な分析を試みるというやり方。例えば、社会構築主義やエスノメソドロジー（あるいはその発展形とでもいうべき概念分析）による研究の一部としてそれはなされ得るであろう。そういった研究は若者についての「語り」の研究ではあっても「若者」についての研究ではないのではないかという疑念を持つ向きもあろうが、カテゴリーの運用こそが実践の組織を通して対象としての「若者」を生み出していることを想起しておくべきであろう。例えば「フリーター」や「ニート」としての若者は、それらの概念を駆使して行われる政府の諸政策や、諸企業の採用政策や、教育現場での対応等々と相関的に存在するものである。

編者は各章の執筆者にこのような観点をお伝えしたうえで、各人の専門領域でそれぞれのやり方で若者について論じて頂くようにお願いした。上記の三つの観点に各章が正確に対応するわけではないが、それらの観点を意識しながら読んで頂くとより理解が深まると考える。それぞれの専門に応じて若者について論じるのみならず、その議論を通して「若者について論じる」ということの可能性のありかを示すという二重の課題に、執筆者陣はみごとに応えてくれたと思う。ここに示された可能性を本書の読者がそれぞれの持ち場で、活かしていって下さればと願う。

注

(1)もちろんそのシステムが比較的うまく作動している期間においてさえ、期待された役割を果たせず、貧困に陥る人々は存在したのだが、それは後景に退いていた。貧困が社会問題として(再)浮上してくるのは、今世紀に入ってからのことである。

(2)とはいえ、若者(とされる年齢層)を対象にした定点観測的な調査の意義が低下しているわけではない。むしろ、このような定点の喪失自体もまたそのような定点観測によって示されるべきものである。このような定点観測的な仕事として藤村・羽渕・浅野編(2016)を参照されたい。

(3)もっとも、社会意識論の観点からは年齢はなお重要であるとの指摘もある。すなわち、吉川徹によれば階層意識を規定するさまざまの要因が(学歴を除いて)一九八〇年代以降その効果を失いつつあり、それとの相対的な関係において年齢という要因の重要性が高まっているというのである(吉川 2014)。

文献

藤村正之・羽渕一代・浅野智彦編(2016)『現代若者の幸福』恒星社厚生閣
本田由紀(2014)『社会を結びなおす 教育・仕事・家族の連携へ』岩波ブックレット

乾彰夫（2010）『〈学校から仕事へ〉の変容と若者たち』青木書店
川崎賢一（2006）『トランスフォーマティブ・カルチャー』勁草書房
吉川徹（2014）『現代日本の「社会の心」』有斐閣

〈若者〉の溶解

第一章　日常的革新としての消費

川崎賢一

1　消費と日常性

消費は、歴史的にみると、近代社会に大きな意義と機能を果たすようになる。消費それ自体は、いつの時代にもあった。しかし、近代社会の消費は、それ以前の社会の消費とは大いに異なるものとして成立する。まず、その規模が格段に大きくなり、システムとして制度化する。具体的には、サービス産業が主要な産業として確立し、多くの人々がそこで雇用される。ものを直接生産しない人々の象徴的な生産システムの確立である。また、消費対象それ自体も大きく拡大し、単に、過去から継続する上得意のアッパーミドルクラスとは別に、（高度）大衆消費が確立する。この大衆消費システムは、いろいろな問題を孕みながら、一九七〇年代の（その当時の）先進社会で、また、一九九〇年代以降の（その当時の）発展途上国で、大きな展開をみせる。この二重の消費構造は、姿かたちや程度は異なるが、多くの国々においてグローバル文化を形成する方向で変形を遂げてくる。その先頭の有力な一つとして、若者文化がある。

消費システムは、その安定性、すなわち、繰り返しを保証する〈日常性〉を前提とする。また、矛盾するようにみえるが、繰り返すがゆえに、逆に、〈革新性〉（その一つの側面が流行などの新しさ〈新奇性〉）を必要とする。グローバルな市場が拡大し、それぞれのナショナル市場・ローカル市場とが複合しながら、この日常性と革新性とが進化を遂げていくと考えられる。アメリカ東海岸ではその〈先頭性〉や〈優越性〉（さまざまな意味で）が、ヨーロッパ社会ではその国の特殊性やEU的なトランスナショナル性が、東南アジアのシンガポールでは、控えめな〈達成感〉が、中国ではその〈成金性〉が、日本ではマイペースな〈おたく性〉が、それぞれ特色として語られる。しかしながら、重要なことは、この特色だけではなく、その反面として、極めて標準化（一番典型的な規範は、〈グローバルスタンダード〉）されてきていることである。さらに、グローバル文化の文脈はネット文化でもあり、ネット文化の重要な構成条件は、その〈標準化された共有性〉にある。もともと、オープンで誰にでもアクセスできるようにできているのである。したがって、この文化に適応しようとすると、透明性・開放性・可視性（ヴィジュアリティ）などを価値とする考え方になりやすくなる。

バランス以前の問題だと思う。

ということで、論点はあちこち移動するが、この多様な文化的文脈の上に、日本の若者文化も存在し、その特質や問題点が議論される。

2　現代日本の若者文化

日本の若者文化について、彼らの行動や意識の特色を、まず、青少年研究会が一九八〇年代から継続して行っている調査結果を下敷きにして（青少年研究会 2011）、まとめておきたい。その調査によると、彼らの特質は以下の五つにまとめられる。

①健全な自己の確立

自分や自分らしさに関する回答パターンをみてみよう。自分らしさを持っているという認識は八七・四％に達する。それをベースに、自己一貫性（五七％）・非同調性（五二・七％）・他者との差異性（六二・五％）、というような自由主義的な個人主義的認識を過半数以上が持ち合わせている。その一方で、状況による自己の使い分けに苦しんでいるようにもみえる。つまり、自己存在の価値認識は確立しているが、その一方で、現実のさまざまな状況への対応では、その一貫的自己を見失う自分に戸惑っている部分もある。極めて現代的な反応といえるだろう。

②好きなことの文化

自分が好きなことに取り組むことに非常に熱心であることは、どの項目をみても明らかだ。例えば、趣味活動（九五・九％）をほぼ例外なく持ち、自分が興味を持てることに対しては極めて積極的である。特に、音楽は彼らの生活に欠かせないものであり、音楽好きは八五％に達し、ライフスタイルの一部と認識するのは七五％にも達する。この数値は、当事者の若者たちにとっては当たり前の数字にみえるかもしれないが、このような音楽一色の様子は、以前の社会状況を考えると極端な単一的な状態といえるだろう。

③利他性の弱さ

調査項目に利他性そのものを測定する指標はないが、いくつかの変数から概ね推定できる。ボランティア活動には参加すべきだ（七一・三％）とするものの、実際の活動に満足しているのは一二％にしか過ぎない。そもそも、利他性の根拠となる、他人への信頼感情が乏しい（他人は信頼できない七六・四％、他人に利用されてしまう八三・五％など）ことがその前提にある。また、それらの背景として、厳しい成果主義（努力しても成果が出ないとダメ八二・八％）の認識があるようだ。

④友人ネットワークの決定的重要性

恋愛対象と並んで重要なのは友人である。友人の幅は広く、親友・友人・知り合いの三カテゴリーがあるが、どれも重要と思われているようだ。また、友人たちの目を気にし（七〇％）、現在の友人関係に満足（九一・一％）しているだけでなく、充実しているとも感じる（八四・三％）。彼らの〈仲間重視主義〉は、一方で、日本社会の価値プログラムである集団主義の延長にあるだけでなく、ナイーブだけれどしっかりと確立した自己概念とのバランスを志向しているようにみえる。

⑤社会的積極さの欠如

最後に、社会に対する働きかけに関する特色である。社会的コミットメントが弱い。これはどの項目（宗教活動・政治的署名・政治的意見の表明・デモへの参加など）をとっても、行動レベルは低い。しかしそのことは、価値・規範意識と同じではない。軽い政治的行動関心を持つものもそこそこいるし、外国人問題への理解はあるようだ。したがって、今後ある程度のコミットメントを期待することは可能であろう。

これらの項目全体について、消費とどのような関連や解釈が可能だろうか？　研究会の公式的見解ではないが、個人的な考えを、中国の若者文化と比較をした後で、説明したい（なぜ比較なのかという点は、明らかにしておく必要があるだろう。中国の事例は、日本の若者文化を映し出す鏡のような性質を持っていると考えられるからだ）。

3　中国の若者文化

近年台頭著しい中国の若者文化と比較・対照してみよう。ただし、同じ条件のデータが得にくいことや元々の歴史的条件そして現在の地政学的条件などが異なることから、その比較には限界がある。それらの点を頭に入れながら、彼らの特徴を説明していこう。

3-1 中国の若者文化――〈八〇后〉・〈九〇后〉文化

中国の若者文化については、間違いなく共有されている言説は、〈八〇后〉世代文化である（中国語読みで、パーリンホウという）。代表的な研究（松浦 2009；坂口 2009；上海もも 2007など）によれば、彼らの特色は以下の四つである。（引用は、松浦 2009：37）

①中国の経済成長の恩恵を直接受けて成長した年齢階層
中国は、清朝末期から共産党が建国（一九四九年）するまでの長い間、混乱状態にあった。その後、毛沢東の時代に文化大革命があり、経済成長が難しい時期が続いた。しかし、毛沢東が亡くなり（一九七六年）、しばらくすると、経済成長路線に転換し、特に一九八〇年代後半以降高い経済成長が続いている。また、グローバル化への対応も進みつつあり、一九九〇年代後半から、沿岸部（北京・天津、上海周辺、広州周辺など）の、高学歴・サービス産業従事者を中心にして経済発展がすすみ、現在はその流れが内陸部（成都、重慶など）へと及びつつある。この文脈で〈八〇后〉の若者たちが登場してきたのである。

②学歴が比較的高く、ホワイトカラー層を形成し、可処分所得が高い階層

経済成長路線に乗った一九八〇年代以降に生まれ育った〈八〇后〉の世代のうち、両親の階層が高かったり、優秀な学生は高学歴を達成し、ホワイトカラー層を形成するようになる。彼らは、収入の割には、可処分所得を多く持つ傾向がある。ただし、世代内の格差は深刻なものがあり、その点を見逃すことはできない。また、年代が新しくなればなるほど、大学進学率が高まり、アメリカなどへの留学者数が大幅に拡大し、二〇一〇年に世界第二位の経済力を持つにいたる体制を支えられるようになった。

③家族構成が少数化し、一人っ子が多い[1]

中国の人口過密は今に始まったことではない。人口増加に歯止めをかけるために、一九七九年から〈一人っ子政策〉が始まった。一定の効果はあるが、一方で様々な問題も引きおこしていた。たとえば、家族制度に与えた影響は甚大で、血族を重視し親族を扶養するシステムに深刻な影響を与えている。ＴＶなどで放映されている家族ドラマの大半は、この問題をかなり反映している。また、一人っ子が普及したせいで、一人っ子の結婚に対する消極的態度や子供を持つことへの不安などの新しい問題も起きている。

④インターネットや携帯電話を使いこなす階層

最後に、中国の携帯電話やインターネットの利用は、一九九〇年代にはまだかなり遅れていたが、二〇〇〇年代に入って急速に拡大し、現在では、都市部の中間層を中心に完全に普及しているといえる。特に、若い世代の〈八〇后〉・〈九〇后〉の世代においてはそれが顕著で、ただでさえ世代差が大きいのに加え、このネット文化経験の差は先の世代差をさらに顕著なものにしている。

二〇一〇年代に入ると、さらに九〇年代生まれの〈九〇后〉文化も指摘されている。この点を補足しておきたい。基本的には、〈八〇后〉の世代と文化を共有するが、さらにその程度が高まっているという（上海もも 2010）。付け加えるべき点があるとすれば、第一に、〈八〇后〉の性質が、さらに純粋に表われ、その程度がさらに進んだということ。それから、インターネットや携帯・スマホなどへのコミットメントが一層進んだということであろう。

3－2　背景的要因

①上海の実情

中国の若者といっても極めて漠然としているので、中国でも特にグローバル都市化が進んでいる都市（上海・北京・香港・広州など）の内から、上海について具体的にみていこう。

上海は、中国で数少ない直轄市（北京・天津・香港・広州・成都など）で、群馬県ほどの面積に、二三四〇万人（二〇一〇年現在）の人口を擁する。産業構成は第三次産業中心で（第一次産業はほとんどない）、人口構成は比較的若く、四〇代・三〇代・二〇代が多い。また、それらの年代では男性がかなり多い。仕事や学業のために沢山の男性が滞在しているようだ。中国の場合は、独自の戸籍制度があり、基本的に居住の移動の自由はない。合法的な理由のない限り、移動は認められていないのである（実際は出稼ぎ労働が数多くみられるが）。例えば、上海の場合は、上海人の戸籍を持つ者の割合は高くない。また、戸籍を持つ者と持たない者では行政的な取り扱い方が異なる（例えば、二〇一一年六月三〇日に開業した高速鉄道の切符は中国人も身分証明書の提示を求められる。つまり、出稼ぎの場合は、この鉄道の切符を買えないということを意味する）。

現在の上海の発展は、一九八〇年代後半に、上海に経済特別区が設けられたことに端を発する。特に、浦東地区は国家による開発が行われてきて（例えば、二〇一〇年の世界万博はその例である）、現在もその勢いは継続している。多くの外国企業が進出し、上海は古き良きオールド上海から、極めて新しいグローバル上海まで、さまざまな顔をみることができる。若者文化についても同じようなことがいえて、現在では、スマホやカジュアルファッションなどについては、東京などと比べてもほぼ同様な傾向がみられるといえる。ただし、上海には多様な顔があって、社会資本が十分でない（不十分な下水道、飲めない水道水、など）ところもあり、整った都市というにはもうしばらく時間がかかるように思われる。

それから、他の都市に比べて（博報堂 2009調査など、JETRO のスタイルシリーズを参照）、それほど特色がないようにみえるが、歴史をひも解いてみると、また隠れた特色があるのも事実である。いくつか主要なものを挙げよう。上海はもともと農村・漁村地域で、一九世紀前半に、海外列強の圧力により開港させられた都市である。〈租界〉という外国人居住地域が次々に作られ（イギリス・フランス・アメリカ・ドイツ・ロシア・日本など）、その租界地区に、他の都市を追い出されたり、流れ着いたりした中国人が住みつき、混合居住地区となる。そこはやがて、海外文化に対するあこがれ・劣等感と、裏返しの優越感情（ほかの中国の地域とは異なるという）とが同居した、国際都市に発展する。しかし、第二次大戦後、特に、共産党政府には疎まれる存在となり、一九八〇年代後半になるまで、上海の対外的活動は抑圧された経緯がある。それから、興味深いのは、現在においても、独特の〈上海人意識〉は残っているようで、多くの在留日本人からその具体例を聞かされたり、上海人論が他の北京人・香港人・広州人などと比較されて論じられることはしばしばある。

②中国的背景

中国社会を分析する際に、最低限考慮に入れておく必要のある点が四つある。一つは、現代的特色に関するもので、残りは現代より前の〈伝統的〉視点である。現代的特色というのは、中国の量的側面である。とにかく、人口が多いので、その点を考慮する必要がある。日本の十倍の人口を持つので、とにかくそのままで考えると判断を誤ることが多い。〈一桁減少の法則〉とでもいうべき解釈の仕方が必要である。それから、この量的側面とも関連があるが、質的側面についてその多様性に注意しなくてはならない。つまり、極めて前近代的な要素から現代的要素まで、同時に観察できることが多いということである。このことは、観察者の関心によって、だれでも都合の良い観察結果を得ることができるということである。特に、上海のようなグローバルシティは、近代的要素やグローバルな要素、そしてナショナルな要素、ローカルな要素、すべてを一時にみることができる。したがって、その気になれば、どのようにでも分析できるのである。

残りの三点の第一番目は、統治に関するものである。近代・現代的な側面と伝統的な側面とがある。最初の点は、現代の中国社会において重要な精神的支柱は、共産主義と儒教であるという点である。共産主義はいうまでもなく、一九二一年に結党して、一九四九年に独立を果たし、その後文化大革命を経て、一九七八年以降の経済政策により発展を遂げてきた共産党による一党支配である。日本においてはこの統治はあまり評判が良くないが、中国においては当然そうではない。ここでは日本人が見落としがちな点を必要な部分に限り言及しよう。共産党の支配は、結果において〈農村社会優位〉を長く続けることになった。ここ三〇年間の経済政策で変わり始め、ようやく都市社会の人口が過半数を超えるまで変換しつつあるが、それでも現在でも農村における経済の果たす役割は大きい。また、共産党の政治のかなめは、科学主義と計画的統治である。科学主義は合理性を含み、経済特区や重点政策を国家レベル・地方レベルで次々に展開し、経済的な発展をとにかく推進してきたことは事実である。その途上で、資本主義的な経済を取り入れ、欧米的（特にアメリカ的）文化を取り入れようとして、表面的にはハイブリッドな社会や文化が確立してきているようにみえる。しかし、その一方で、中国の歴史哲学であり、前近代社会までの支配的倫理でもあった儒教の影響は今なお残っている。正直にいって、どのように文化大革命を生き延びたのかよくわからないが、そして、現在では学校教育では当然取り入れられていない道徳であるが、人々の間にはそれが残っている。しかし、科学的な共産主義の考え方とバッティングすることは事実で、それは現在でも変わっていないと考えられる。

残りの二点目は、伝統に関するものである。一つは歴史的な支配文化である。中国は、実に歴史の長きにわたり、〈農村社会〉であった。支配の仕方も三層のピラミッド形式が清帝国まで継続してきた。つまり、トップにいるのが、天子・皇帝とその周辺にいる層である。彼らは、さまざまに発展してきた哲学（儒教・道教・法家など）を守るべき人々である。第二の層は、皇帝たちの意向を守り伝える中間的な人々で、中央政府から地方政府、そして地方の有力者などからなり、科挙を中心とする文民統制の歴史を持つ。そして、最後が、それ以外のさまざまな庶民階層である。その多くが農村に住み、共同で農村社会を智慧を出しながら守ってきた人々である。

最後の点は、中国人の伝統的な人間関係の文化的プログラムに関するものである。中国では、古代から、二つの人間関係の倫理が発達してきた（もちろん、地域的なバリエーションはある）。一つは、血縁に基づくものである（しばしば、〈宗族〉とも呼ばれる）。血族あるいは強固な親族システムは、彼らの生活を根底で支えてきた。これは血縁に関するものであるが、もう一つは、他者に関する倫理である。それは、〈幇《ほう》〉の関係である。これは、たとえとしては一種の兄弟関係ともいえるもので、時と場合によっては、親族関係を上回ることもある。死を共にすることさえある。いずれにしろ、残酷な歴史的現実の中を生き抜いてきた中国の人々の知恵の産物である。したがって、彼らの生活態度はこれらに当てはまらない状況や人々に対しては、極めて無規範かつ利己的にふるまうようにみえることがある。実は、共産主義もこの点を基本的に変えることはできなかったようで、現在でもこの種の実例に事欠かない。〈基本的人権が守られない中国〉という国際社会での共通イメージは、このような歴史的事情を考慮に入れてみる必要があるのかもしれない。

4　グローバルな若者文化

4-1　グローバルな文脈

グローバルな消費市場について、その概略をまず簡単に説明して、それから、若者世代がどのような意味を持っているのかについて分析してみたい。高橋（2011）によると、二〇〇九年度の世界全体の消費支出は三五兆ドルで、欧米と日本で全体の約三分の二（六七％）を占める。その順番は、アメリカ（三一％）、EU（二七％）、日本（九％）である。新興国の占める割合は約三割（三一％）で、特に、中国（四・八％）、ブラジル（二・八％）、インド（二・一％）、ロシア（一・七％）の順となっている。

若者世代がなぜ、消費市場で注目され、ターゲットにされるのだろうか？　それは、若者だからというよりも、〈新中間階層〉の主要構成要素と考えられるからである。この中間階層ないし富裕層について、さらに、世界全体で説明しておこう。現状では、高橋（2011）によると、例えば、世界銀行の試算では（世界銀行 2007）、二〇〇五年時点で四億人いるとみられる中間所得層（購買力平価ベースで一人当たり一年間四〇〇〇ドルから一七〇〇〇ドル）は、二五年後の二〇三〇年には、一二億人と三倍になると予測している。そのうち半分は東・東南アジア、一割弱が南アジアで占められるという。また別の資料（通商白書 2009）によると、一九九〇年には、日本を除く東アジア・東南アジア全体で一億四千万人しかいなかった中間階層（世帯可処分所得が五〇〇一ドル以上三五〇〇〇ドル以下）が、二〇〇八年には八億八千万人に達し、そのうち、四億四千万人が中国、二億一千万人がインドとなっている。しかも、中国やインドなどでは、現在の低所得層（五〇〇〇ドル以下）・ローワーミドル層（五〇〇一ドル以上一五〇〇〇ドル以下）が中心となっている所得階層構造から、二〇二〇年にはローワーミドル層とアッパーミドル層（一五〇〇〇ドル以上三五〇〇〇ドル以下）とが中心の構造へと変化するという。また、富裕層（三五〇〇〇ドル以上）も大幅に増えると予想されている。

4-2 日本の若者文化
――高洗練度・〈甲羅のない蟹〉（むきだしの自己・超越的指向の不在・快楽&溶解指向）

日本の消費市場については、一部繰り返しになるが、世界全体では一割弱（二〇〇九年度、九%）で、消費は伸び悩んでいる。全体として高齢者（六〇歳以上）の存在感が増しつつある。総消費支出の四〇%を六〇歳以上が占めるようになり（二〇〇七年度）、その比率は年々増加しつつある。その意味で、人口的にも減少傾向にある若者世代の存在感は薄れつつあるといっていいだろう。一般的にいって、若者が消費市場で注目を浴びる原因は二つある。一つは、人口学的要因であり、もう一つは、新しい市場を牽引する傾向があることである。新興諸国では若者や青少年が人口ピラミッド全体に占める割合が高いが、現状ではそれぞれの国の実情に応じてだいぶばらけてきた。国連の分類に従って整理すると、高齢国は北欧や日本だけではなく、ロシアもこの中に入る。中齢国が最も多く、アメリカ・イギリス・中国・オーストラリア・香港・韓国・シンガポール等がここに含まれる（中国の場合、長年にわたる一人っ子政策もあり、急速に高齢国化しつつある）。低年齢国は、主要な国ではインドだけであり、その他に南ア・アセアン諸国が含まれる。それから、第二に、現代社会はさまざまな科学技術や情報技術が急速に高度化しつつあり、それに伴いさまざまな新製品の開発・販売が消費市場をにぎわせる（例えば、アップルのさまざまな製品等）。それらの新製品に素早く対応できるのは、好奇心が旺盛で頭が柔軟で高学歴な若者世代である。その意味で、若者世代が注目されることはどの社会でもみられることであるが、中国においては急速な社会発展と高学歴化のためそれが顕著にみられるのに対して、日本では、すでに一九九〇年代に高学歴化が進み、その後若者人口の減少に伴い、社会的な注目度も下がったということなのだろう（意味がなくなったということではない）。

中国や韓国に先立って発達した、日本の若者文化について、現状の意味や将来性をどのように考えたらいいのだろうか？　私の考えでは、現状の若者文化が優れているのは、その〈洗練度が高い〉ということであるように思う。ただ、コンテンツ産業に典型的なように、日本のオリジナリティが群を抜いていたのは、一九八〇年代後半から一九九〇年代前半にかけてまでで、それ以降は、韓国の太陽政策（一九九八年以降段階的に実施）や中国の文化産業への継続的なテコ入れなどにより、その差はなくなりつつあるといえる（香港や台湾についても似たようなことがいえるだろう）。韓国では、日本のポピュラー文化を取り入れた新しい文化産業が成功し、日本のポピュラー文化と肩を並べるようになり、中国ではむしろ日本文化をしのぐほどの勢いで享受されているようにみえる。その点を、しっかりと日本サイドも認識をする必要があるだろう。

一方、日本の若者文化の弱点は、その〈甲羅のない蟹（作田啓一）〉的性質だろう。第二次大戦後、それまで日本人を支えてきた天皇制的イデオロギーが否定され、それに代わるものを育てることができずに来た（正確には、そのイデオロギーは近代になって創出されたものであるし、第二次大戦後、企業を支えてきた集団主義的価値観は現状でも多様化しつつある程度残っているといえよう）。多くの社会では、ナショナリズムが社会的自我を支えることが多いが、日本の場合はそれが相対的に弱いので、その結果、〈むきだしの自己〉が現出し、一方で、超越的指向の不在がみられ、さらに、快楽&溶解指向が好まれるに及んで、自己や自我、そして、社会関係を支える社会規範やフレームが十分に発達できなかったと考えられるだろう。いい意味でも悪い意味でも、〈甲羅のない蟹的文化〉は、自己の欲望をやたらに表出する自由のもとで、オタク文化やフィギュア文化として花開いたのである。

4-3　グローバルな東アジアの若者文化

それでは、アジア（特に東アジアに絞って）について詳しくみていこう。繰り返しになる部分があるが、ここでは、次に三つのポイントに沿って分析していこう。第一に、消費力について、第二に、中間階層としての若者文化について、最後に、何が重要かという点について、それぞれ取り上げる。

まず、消費力について論じたい。アジア（特に東アジア）の若者たちの消費力はどうなっているのだろうか？　経済力と関連があるので、よく取り上げられる典型的な指標として、一人当たりのGDPをみてみよう。IMFや世界銀行の統計によれば、アメリカについで一九六八年以来二位を保ってきた日本が、ついに二〇一〇年度に中国に抜かれて、第三位に後退した。この事実はよく知られており、日本人に少なからぬショックを与えた。ただ、第四位のドイツとはだいぶ差があり、すぐにずるずると後退するほどではない。問題なのは、あまり注目されていない、一人当たりの購買力平価（PPP）という指標である。それによると、IMF（二〇一一年）では、日本はシンガポール（三位）、香港（七位）、台湾（二〇位）に次いで二四位で、EUの平均値とほぼ等しく、お隣の韓国は二五位とすぐそこまで迫ってきている。世界銀行（二〇一一年）の統計でも似たような数値になっている。日本は、一九九〇年代初めのバブル経済の繁栄から、ずるずると後退を続けている現実がみて取れる。中国の場合は、全体としてはIMF指標で九三位と世界の平均にも及ばない数字である。それにもかかわらず、上海・北京・広州などが繁栄しているのはどのように考えたらいいのだろうか？　日本人がおよそ想像している状態にはかなりラグがあり、その社会像を大きく変える必要がある。これらに付け加えて、日本の場合は、終身雇用（日本的なライフタイムエンプロイメント）が残存し、その一方で、失業や雇用状態の劣悪な若者たちが多数存在するために、両親などの援助を得られない若者たちを中心に、新しい貧困問題すら考えなければならない事態になっている。中国の場合は、逆に、実態としては多くの若者が低賃金な労働条件におかれる一方で、一人っ子政策や裕福な親族の存在などに支えられて、可処分所得の多いリッチな若者が誕生して、注目を過度に集めているようにみえる。

次に、中間階層としての若者について考えよう。本章の第1節で大枠については触れたが、問題は階層構造の中身の変化である。大きく分けると、以下の三つに分けられる。

ａ　先進国並みに、アッパーミドルや富裕層が多数を占めるような構成になりそうな社会（マレーシア型あるいは中進国型と呼ぼう）

ｂ　ローワーミドルが最も多いが、同時にアッパーミドル・富裕層が増大する社会（中国、タイなど、中国型と呼ぼう）

ｃ　ローワーミドルが最も多いが、同時に低所得層が残ってしまう社会（インド、インドネシア、ベトナム、フィリピン等、インド型と呼ぼう）

これらの階層構成と先に説明した年齢構成とを組み合わせると、若者層がそれぞれの社会で占める重要性が説明できるだろう。つまり、低年齢層でａの方向に近い社会ほど若者の機能が大きい。

例えば、中国の場合は、中年齢国ではあるが、若者たちの高学歴で一人っ子的な立ち位置などが彼らの存在意義を大きくみせているといえるだろう。

日本の場合は、今まで述べたどれにも当てはまらない。既に発展を達成し、高齢者を中心とする消費構造に切り替わり、新しい消費市場や消費構造を対外的にも対内的にも切り開けない状態がこ二〇年間続いている。少子化の傾向は基本的に変わらず、ゆっくりとした退潮傾向が継続しているとみるべきだろう。

最後に、何が重要かという点である。はっきりいって、中国やアジアの社会や若者文化をみる場合、多くは、経済学的観点、とりわけ、消費市場としてみる見方が支配的である。そこでは、いかに消費市場、特に、日本の企業が得意としている富裕層やアッパーミドル層が厚くなってきたことに対して、どのように対応したらいいかということに関心が集中しているようだ。確かに、それは現状の日本経済にとっては、死活問題の一つであろうし、日本の経済発展の維持という点からも必要なことであるだろう。しかし、本当にそれだけでいいのだろうか。私はそうは思わない。細かいことは次節に譲るが、大切な点は、新しく登場してきた〈八〇后〉や〈九〇后〉の世代が、どのような文化を作りつつあるのか？　彼らが、アジアや地球社会にどのように貢献できる文化を作ることができるのか、もっといえば、彼らは本当に新しいコスモポリタンでかつローカリズムに配慮をした文化を作ろうとしているのか、そして、作れるのか、それが問題なのではなかろうか。そのためには、単に消費社会やサービス社会に適合的で協力的なコミットメントだけでいいとはいえないだろう。新しい、批判的スタンスや距離の置き方が求められているといえよう。

5　消費からみえてくるもの

現代社会は、すさまじい勢いでグローバリゼーションが進行し、多くの新興諸国を消費社会化しようとしている。多くの社会を何らかの〈近代国家〉に仕立て上げ、そこに暮らすほとんどの人々を〈国民〉として位置付ける。その国民が、どの程度〈基本的人権〉が確保され、〈民主主義〉が実現しているかによって、彼らの自由度は大きく異なる。政治的観点を外してみると、産業構造が第一次産業、そして、第二次産業から、第三次産業へとシフトし、国民をターゲットとする〈消費社会〉が成立し、ほとんどすべての人を、消費提供者―消費社会（市場）―消費者という循環に飲み込む。そして、消費社会は、いい意味でも悪い意味でも、繰り返し（日常性）を前提にしている。かつて、ほとんどの社会は、極めて残酷で厳しい歴史的現実を生きてきた。〈無事これ名馬〉の世界である。しかし、近代社会になり、社会発展を遂げた先進国を中心に、〈退屈な日常世界〉が出現してきた。それに合わせて、社会的倫理も変化してきた。かつて、自由と独立を旨とし、努力と禁欲をよしとした資本主義社会のエートスは、他者からのサービスを前提として、自己も他者を支え、気持ちの良いことを好み、楽しむこと自体が自己目的化するようなエートスの共有へと変貌をとげたのである。このような大きなトレンドの変化は、若者文化に典型的にみられるように思われる。そして、その若者文化も、歴史的・世界的な文脈の中で連動するようになった。一国の範囲にとどまらずに、インターナショナルなレベル・トランスナショナルなレベル・グローバルなレベルも考慮に入れなければならなくなった。その意味で、本章はその新しい動向にこたえるための章でもあった。ただ、その方法は地道なもので、インターナショナルなレベルを中心に比較をし、グローバルな文脈をフレーバーにするというものであった。もう少し簡潔に補足しよう。

まず、日本からみて、若者文化はどのような特色があるのか、どこに向かっているのかを明らかにしようとした。そのため、青少年研究会の調査結果をベースにした。

それから、日本のライバルでもある、中国社会の若者文化を比較の対象としてみた。中国は二〇一〇年に経済規模では日本を追い抜き、日本とは対照的に昇り竜の時期を進んでいる（日本の一九六〇年代から七〇年代の初めのようである）。そこでは、青年たちは新しい時代の担い手として、ちやほやされる立場にある。しかし、よくよく観察すると、彼らがどのように健全でグローバルな中産階層になったらいいのかというようなまっとうな見方ではなく、彼らを消費市場のターゲットとだけしかみない見方が大半であった。

そのような厳しい環境の下、大切なのは、若者文化の健全性や創造性を見逃さず、それらをどう伸ばしていくかを考えることだろう。そのためには、文化的相対性と、しかしながら同時に〈大きな見方〉も必要である。人のことはよくわかるが、自分のことはわかりにくい。これは普遍的にいえることだろう。人のことをよりよく理解し、自分を客観的にみるために欠かせないのは、〈相対的にとらえる〉ということだろう。これは単に社会調査や実験だけで得られるものではない。特に重要なのは〈かっこにいれる〉とか〈自分のことは横に置いておく〉能力だと思う。それができるかできないかによって結果が大きく異なるだろう。ただ、この種の比較はどうしても、ちまちました項目や、データの信頼性や妥当性などの検証に力をそがれがちである。大切なのは、〈大きな見方〉だろう。理論仮説とか理論とか呼んでもいいのかもしれないが。特に、日本社会においては、支配的な大きな理論がない状態が続いている（これはある意味で幸せなことだと思うが）ので、ことさら、大きな見方は大切だろう（その意味で、グローバルなネット文化の問題は避けて通れないが、新しい時代精神でもある、コスモポリタニズムの問題と関連させて、第七章で論じたい）。

最後に、今の若者たちに対する私の率直な感想を書いて終わりにしたい。今の若者たちは、幸せな条件のもとに生まれ、そこそこ大変な状態の中で育ってきた。そして、自分の好きなことをしながら、気にいった友達を作りながら、毎日を繰り返すことができている。だから、彼らは掛け値なしに、素晴らしい、どこでも誰にでも通じる文化を作る条件がそろっているように思える。後は、残酷で不思議に満ちたさまざまな社会的現実を避けることなく、直面し、前進をしていってもらいたい。その後に結果が付いてくるのだから。

注

（1）中国政府による一人っ子政策は、人口の過剰に悩む中国政府が長年にわたりとり続けてきた基本政策の一つである。しかしながら、二〇一五年に、少子化対策やいくつかの理由から、一人っ子政策を解除することとなった。中国社会の変化の大きさを感じさせる政策転換である。

文献

JETRO（2010）「上海市概況」日本貿易振興機構
博報堂広報室（2009）「日中20代比較調査」博報堂
川崎賢一（2006）『トランスフォーマティブ・カルチャー』勁草書房
松浦良高（2009）「中国消費市場（若者市場）の現地最新報告――80後、90後世代の消費行動」中国経済一二月号、日本貿易振興機構：35-50
坂口昌明（2009）「中国「80後市場」攻略のすすめ」繊維トレンド七－八月号、（株）東レ経営研究所：23-27
作田啓一（1976）『恥の文化再考』筑摩書房
青少年研究会（2011）「大学生調査 2010 速報版」青少年研究会
シャンハイスタイル - Shanghai Style -（2004）日本貿易振興機構（上海代表処）
高橋俊樹（2011）「これからの消費市場を読む」日本貿易振興機構
http://dic.yahoo.co.jp/newword?category=2&pagenum=21&ref=1&index=2008000065（80後（はちじゅうご）――国際関係。最終閲覧二〇〇八年二月二日）
http://blog.livedoor.jp/chinamarketing/archives/52575533.html（中国の新たな消費世代〈80后〉、上海ももの中国市場研究レポート。最終閲覧二〇一一年九月四日）

http://blog.livedoor.jp/chinamarketing/archives/65360035.html（中国の新世代消費者〈90后〉の特徴とは？　上海ももの中国市場研究レポート。最終閲覧二〇一一年九月四日）

http://www.imf.org/external/（IMF：国際通貨基金。最終閲覧二〇一六年五月四日）

http://data.worldbank.org/indicator/NY.GDP.PCAP.PP.CD（WMF：世界銀行。最終閲覧二〇一六年五月四日）

第二章　「若者のアイデンティティ」論の失効と再編

浅野智彦

1　枠組としてのアイデンティティ論

本章では若者論を構成する主要なトピックの一つである自己とアイデンティティに関する議論を取り上げる。若者のアイデンティティについて語ることは、ある時期以降、日常的な会話の一部になっているため、誰でも気軽にそれについて話題にすることができる(1)。そのような日常的な語り方は、研究者のそれと地続きになっており、ともに一定の枠組をそれと意識することなく前提にしていたように思われる。しかしこの枠組にたよりながら若者論について学んだり研究したりすることは、ある時期以降、徐々に難しくなってきている。今日では、この枠組の理論的な性能は著しく損なわれてしまったといってよい。にもかかわらず、それが用いられ続けてきたことが若者論をある方向に歪めてきたように思われる。この歪みをここでは「喪失論」「解体論」としての若者論と呼んでおきたい。すなわち、あるべき／自然なアイデンティティのあり方を想定した上で、それが「失われた」あるいは「解体した」と語るような論の立て方である。

本章で検討してみたいのは、このような論の立て方がどのようなものであったのか、そしてそれを支えていた諸条件がどのように変容してしまったのか、ということだ。その検討をふまえて、今日、若者の自己やアイデンティティを論じるための枠組が満たしていなければならない要件がどのようなものであるのかについて一定の見通しを提示してみたい。アイデンティティの「喪失」や「解体」という変化を有意味に語るための枠組自体が変化しつつあるという意味で、トランスフォーマティブな社会の一局面をそこにみることができるであろう。

その検討に先立って、ここでは古い枠組の劣化についてごく簡単にみておくことにする。まず古い枠組とここでいっているのは、ごく単純化していえば、かつて精神科医のエリック・エリクソンが提起した発達段階論を土台にした議論の仕方だ（Erikson 1963=1977, 1980, 1968=1973）。エリクソン自身の議論は相当に複雑なので、ここでその全体を評価することはできない。検討したいのは、エリクソンの概念を参照しながら組み立てられた独特の語り方だ。

エリクソンは人間の発達を八つの段階に分けた上で、それぞれの段階で乗り越えるべき固有の課

図表２−１　エリクソンの発達段階論

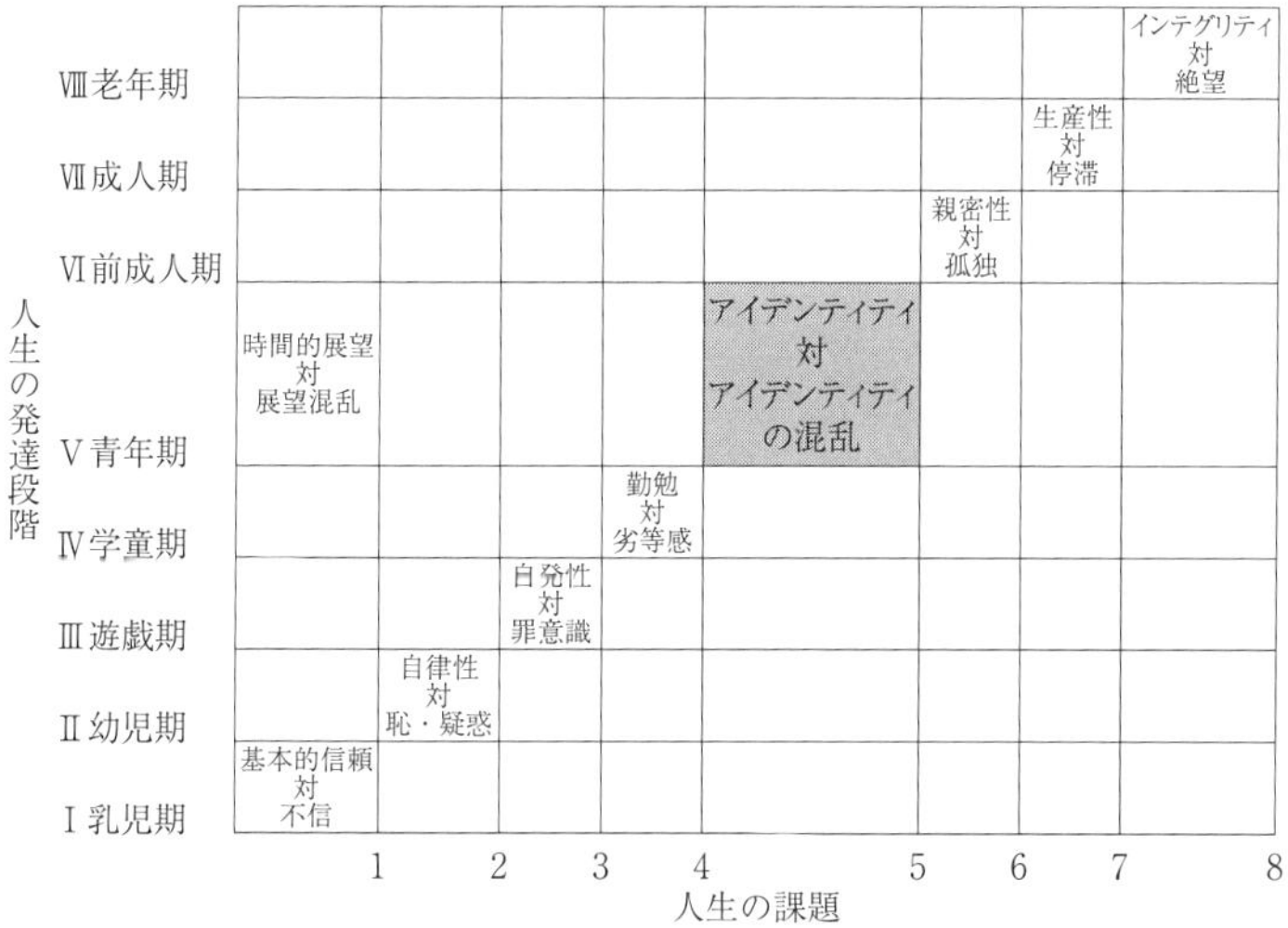

題があると考えた。例えば発達最初期に達成すべき課題は、周りの人々や自分が生まれ落ちたこの世界に対する最も基本的な信頼の獲得である。どの課題も達成に失敗した場合に生じる問題状況とセットになって定義されており、基本的信頼の獲得に失敗した場合に生じるのは不信であるとされる。この不信を持ち越したまま成長していくと、後続の発達段階において独特の困難をきたすことになる。例えば後々まで持ち越された不信は、青年期の段階で時間的展望の混乱という問題として現れてくることになる（図表２−１参照）。

エリクソンのこの図式の上で青年期に固有の発達課題として割り当てられたのがアイデンティティの確立であり、その失敗によってもたらされる問題がアイデンティティの拡散であった。この場合、アイデンティティというのはさまざまな他人への同一化を通して自分の中に蓄積してきたさまざまな自己イメージをある一貫した枠組の下に統合していく運動を意味している。人は育っていく中で、さまざまな他人とやりとりをし、それらの人々の目に映る自分自身の姿をみながら自己イメージを形成していく。エリクソンが同一化というのはそのような過程のことだ。ここで形成された自己イメージは、自分自身の内側に取り込まれ蓄積されていくのだが、しかし、それらの自己イメージは相互に関連づけられてはいない。いわば断片の集積のような形をとっている。これらの断片を相互に関連づけ、パズルのピースに位置を与えるような枠組を獲得する運動が、エリクソンのいうアイデンティティの確立である。それはある超越的・抽象的な視点から、自己イメージを取捨選択しながら構造化していく過程である。その運動の失敗が「拡散」と表現されるのは、自己が無数の断片的な自己イメージに解体していく様を思い描いているのであろう。

したがって、青年期とアイデンティティとの間にある関係は、単なる偶然ではなく発達論的な必然であるとエリクソンはみなしていたわけだ。この必然性は、精神分析学の理論とエリクソン自身の臨床経験から生み出されたものであるが、それは当時の社会的諸条件によって精神医学の領域をはるかに超えた支持を得ることになった。

エリクソンがこのような図式をまとまった形で世に問い始めてからしばらくして、日本も含む先進諸社会において若者たちが政治的な行動を活発化させていった。例えばアメリカではベトナム戦争への反対運動や人種差別の撤廃運動などが多くの若者を引きつけた。大人たちは、既存の政治体制や価値観に激しい異議申し立てを始めた若者たちに戸惑い、その理由を探し求めていた。エリクソンの議論は、ちょうどその求めに応えるものとして受け入れられたのである。政治活動への熱心な参加は若者たちが自らのアイデンティティを模索する過程なのだと。大人だけではなく、若者たち自身も、エリクソンの著作を自分たちの反逆を説明し、ときには正当化してくれるものとして熱心に読んだ。

この文脈で重要になるのがモラトリアムというエリクソンのもう一つの概念だ。モラトリアムとは通常は借金などの返済を猶予することをさす言葉だが、エリクソンはそれを比喩的に転用し、アイデンティティの最終的確立までに与えられた猶予期間を指すものとして用いた。アイデンティティを確立するということは、自分のあり方についてさまざまに存在する可能性の中から一つだけを選び出すということだ。別の角度からいえば、これは、他の多くの可能性を断念するということでもある。他のすべてを捨て去り、ただ一つの可能性のみを選び取る。そしてそれがその後の人生の基盤ともなるのであるから、これはかなり難しい決断であるといってよいだろう。そこで、エリクソンは、この重い選択の準備期間としてさまざまな可能性を試す期間がともなうと考えた。これがモラトリアムだ。準備期間であるから、そこで仮になされた選択の失敗は後に影響を及ぼさない。それは、若者が自分のあり方について、深刻な失敗をおそれることなくいろいろな実験をすることが許されている期間なのである。

このようなエリクソンの発達論が社会学的な語り口にも大きな影響を与えてきたのは、それが単に心理学的・生物学的な過程ではなく、同時に社会的なものでもあると彼が考えているからだ。とりわけここで注目しておきたいのは、モラトリアムの期間を経て若者が自分自身をある形へと統合していく際に、その統合が社会的な役割と緊密に結びついていると考えられていたことだ。その役割はおおざっぱにいえば三つに分けられる。第一に職業的な役割。すなわち、どのような職業について自分自身の生計を立てるのか、またどのような職業を通して社会に貢献するのか。それがアイデンティティを形作る重要な要素になるとエリクソンはいう。第二に性的な役割。すなわち、生涯の伴侶を選んで親密な関係を築くとともに次世代を生み育てるということがアイデンティティの形を決める二つ目の重要な要素となる。第三が政治的な役割。すなわち社会全体の進む方向を決定する仕組みに対して、どのような方針をもって参加するのかを決定すること、エリクソンの考えでは、これがアイデンティティの三つ目の重要な要素となる。

本章でアイデンティティについての古い枠組と呼んだものは、以上のような考え方を下敷きにした語り口全般のことを含んでいる。

2　アイデンティティの「喪失」「解体」という語り

アイデンティティが自己の中にある複数の要素を統合する志向性を指すものだとすると、現代社会はそのような志向性の弱まっていく過程として理解することができる。前節でみたように、エリ

図表2-2 場面によって出てくる自分というものは違う

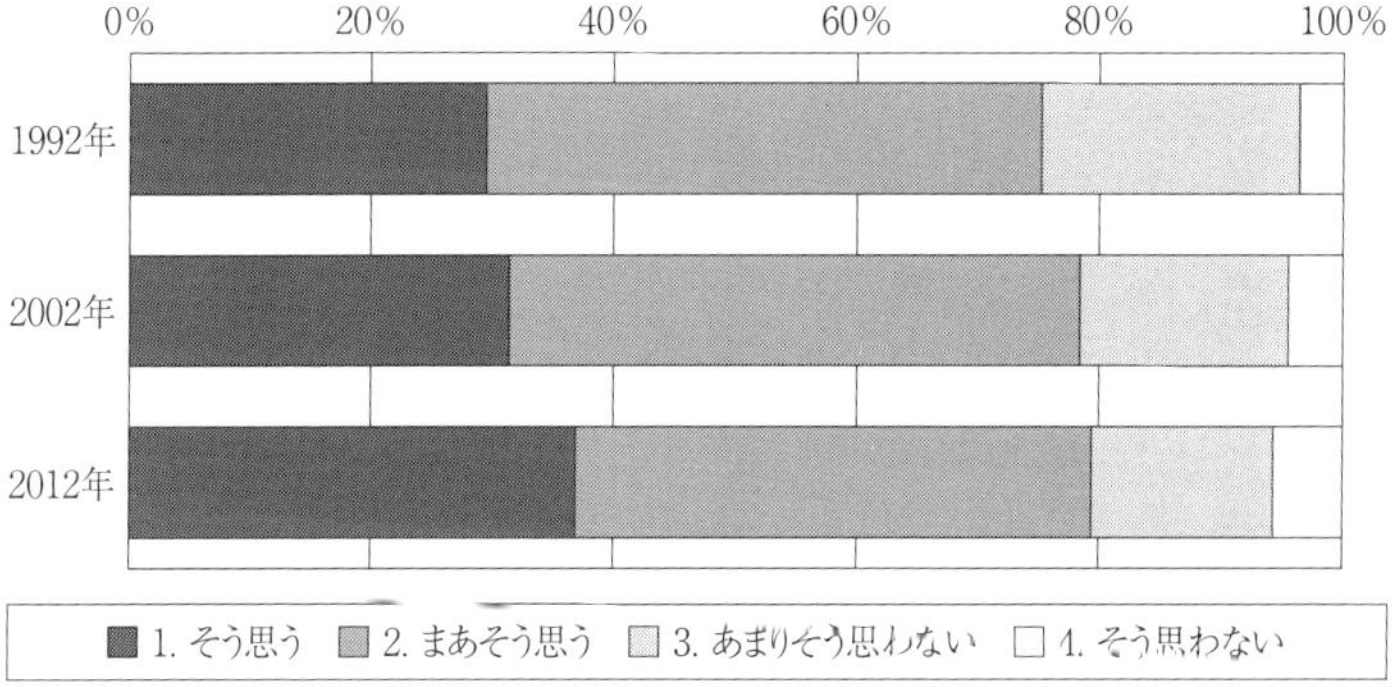

図表2-3 意識して自分を使い分けている

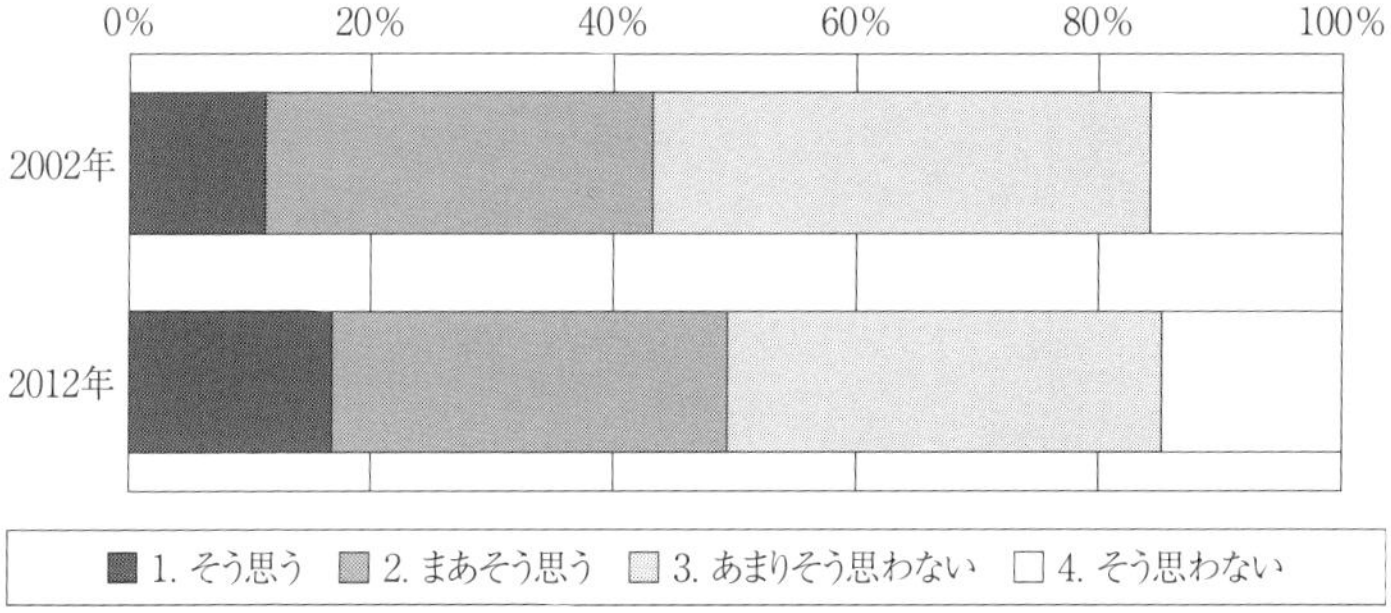

クソンはこの統合を青年期に固有の課題としたのであった。そこで今日の若者がそれに関してどのような特徴を持つのか、いくつかのデータで確認してみよう。

参照するのは、青少年研究会が一九九二年から一〇年おきに行なっている若者調査のデータである。調査地は東京都杉並区と兵庫県神戸市灘区・東灘区、調査対象は一六歳から二九歳の男女である。

この一〇年～二〇年間の変化を要約すれば次のようになる。第一に、場面によ

図表２－４　どんな場面でも自分らしさを貫くことが大切

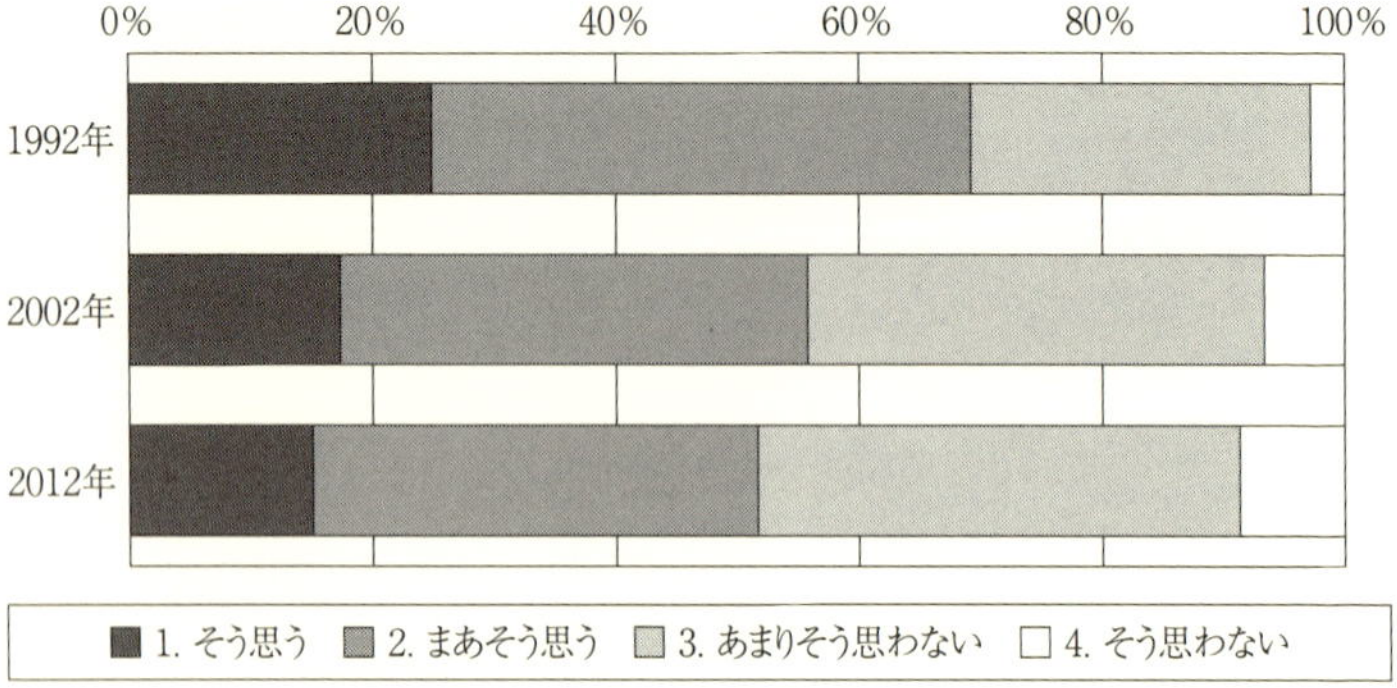

って出てくる自分というものは違うと答える若者が増加している。自己は、何らかの超越的・抽象的な基準によって統合されてあるものというよりは、場面ごとに違った顔をみせる傾向を強めている。第二に、このような場面ごとの顔は、意図せずしてそうなっているだけではなく、当人たちによって意識して使い分けられることも多い。そしてその傾向も強まっている。第三に、場面をつらぬく一貫性への規範的な志向性は弱まっている様子がうかがわれる。個々の場面からは相対的に独立した「自分らしさ」を一貫させるべきであるとは思われなくなってきている。

あれこれの具体的な場面でのやりとりから生み出されたさまざまな自己イメージを超越的・抽象的な視点から選択的に構造化していく過程がアイデンティティの統合であるとするなら、ここで確認してきた傾向はそれと逆行するものであるように思われる。エリクソン・モデルを自然な、かつあるべき発達の姿だと考える観点からは、このような日本の若者の現状は、アイデンティティの喪失や解体であり、発達論的にいえば未熟化ということになるだろう。そして、このような語りは一方で自然を逸脱する「病理」として、他方ではあるべき姿から逸脱する「不道徳」として組織される。(2)

例えば、「モラトリアム」という概念を文化論的に読み替え、その中にある種の肯定的な要素を見いだしていた精神科医の小此木啓吾は、しかし、晩年には大きく方向転換していく。いわく、本来モラトリアム（返済猶予）とはいつかは返済しなければならないということを前提にしていたが、一九九〇年代以降の若者は、返済せずに済むならそれに越したことはないという「終わりのないモラトリアムにその質が変貌してしまった」（小此木 2000：217）と。小此木にとってこれは病理であると同時に道徳的に非難すべきこととして捉えられているように思われる。

小此木とは全く異なった視角から「モラトリアム」に期待を寄せていた社会学者、栗原彬のその後の失望にも同じような色彩をみてとることができる。すなわち、栗原は青年期のモラトリアムは、産業社会や管理主義に適応しきれないこと、その意味での「やさしさ」の土壌になっていると考えた。このやさしさをより社会に開かれたものへと育てていくことができれば、社会を動かす力になっていくのではないかと栗原は期待したが、実際にはそれは私的な空間に閉じてしまったと栗原はいう(3)（栗原 1996）。

モラトリアムを支えていた社会的諸条件に十分敏感である論者でさえ、時にこのような語り口に流れてしまうことがある。例えば、教育社会学者の宮本みち子は、小此木啓吾のモラトリアム論を参照しながら、一九八〇年代以降の消費化にともない若者のモラトリアム化はさらに進んだと論じる。一方において消費の領域でモラトリアムを謳歌する若者たちが増え、他方では「社会のリアリティから逃走する若者も増加する」（宮本 2002: 78）。そして、そのような若者の増加のもたらす事態について彼女はこう断じる。

一九九七年に神戸でおきた小学生殺人事件ほか九〇年代後半に頻発した若年犯罪や、青少年の自傷・自殺、全国で一〇〇万人を超すといわれる「ひきこもり」などの現象は、まさに反社会的というよりは「社会からの退行」傾向を印象づける。（宮本 2002: 78）

この断言のすぐ後に「あらゆる環境条件の変化の累積がこの転換をもたらしたのだ」（宮本 2002: 79）と断り書きが入る点に留意は必要だが、ここに出そろった素材（少年犯罪、自殺・自傷、ひきこもり）は、いずれも「若者バッシング」と呼ばれるような一連の語り方でおなじみのものである。念のために確認しておけば、この時期に少年犯罪は悪化していないし、自殺も増えていない（若年層の自殺が増大するのはこの著作の出版よりもう少しあとのこと）。また「ひきこもり」が一〇〇万人いるとの推計は斎藤環のものであろうが、斎藤自身がそれを過大であったと認めている。

学校から労働市場へという移行過程がいかに変容してしまったかという点については実に行き届いた洞察を示しているにもかかわらず、エリクソン・モデルからの「逸脱」はここでも病理であるとともに道徳的な非難の対象とみなされるのである。

ここで語られている物語は、アイデンティティの喪失や解体の物語であるといってよいだろう。(4)アイデンティティに起こっている変化を、エリクソン・モデルからの距離＝逸脱の度合いによって測定し、語っているのである。だがもし変化が、対象の側だけではなく、対象を測定する物差しにもおよぶものであったとしたらどうか。本書がトランスフォーマティブな社会と呼んでいるのはまさにそのような変化が多発的に生じるような社会なのである。ではアイデンティティの変化を測るものさしにいったいどのような変化がおきたのか。次節でそれをみていこう。

3　三つの社会変容

アイデンティティの確立をはかるための物差しが、そもそもいくつかの社会的な出来事に結びつけて論じられていたことを思い出そう。エリクソンは、自己イメージの統合が、職業につくことや、結婚・出産することに結びつけられていたのであった。

ある職業に就くことは、その職業を通して社会と結びつくことであり、その結びつきの型にそって自己は統合され、成形されていく。結婚し子どもを持つことは、それを通してある親密な関係を後戻り不可能な形で選び取ることであり、自己はその親密性に準拠しながら統合され、成形されていくことになる。職業を通じて社会へ、結婚・出産を通じて親密な関係へ、いわば帰依＝コミットすることによって人は自らの自己の輪郭を明瞭に象っていく。別の角度からみれば、それは青年期までに蓄積された無数の自己イメージの選択的な構造化であり、コミットメントにとって関連性の低い多くのイメージが捨て去られる。

このようなコミットメントが誰にとっても実現可能なものであるなら、それを自明の前提にし、その前提の上で、アイデンティティが「十分に確立された」とか「不十分にしか確立されていない」とかあるいは時には「拡散している」などとさえ語り得るだろう。それはアイデンティティのさまざまな変異や変化を測定するための、それ自体は変異を持たず、変化を被らない物差しとして機能する。

そしてここで指摘したいのは、この物差しが今日の日本社会においては大きな変容に晒されているということだ。その結果として、人はしばしばアイデンティティの変化（喪失や解体）を測定しているつもりになっているまさにその瞬間に、その測定がよって立つところの物差しの変化というより重要な過程をとらえ損ねてしまうのである。

ではどのような社会的諸条件が物差しを変化させてしまうのか。ここでは三つのことがらを指摘したい。今日の日本社会が被っている変容の三つの局面といってもよい。

3-1　消費社会化

第一の変化は、消費という営みが生活においてもつ重みの著しい増大である。しばしば消費社会化といわれるものがそれだ。

例えば作家（後に政治家）田中康夫が一九八〇年代に書いたある言葉を参照してみよう。

どういったブランドの洋服を着て、どういったレコードを聴き、どういったお店に、どういった車に乗って出かけているかで、その人物が、どういったタイプの人物かを、今の若者は判断することが出来るのです。人は、年齢に関係なく、みなそうした他の力を借りて、自分自身を証明しているのです。（田中 1980 → 1985：220）

ここに示されているのは、「自分自身を証明」すること、すなわちアイデンティティの提示が職業ではなく消費に結びつけられているということだ。日常生活において消費活動が持つ意味が、生産活動のそれに比してますます重くなっていく。それにともなってアイデンティティは職業活動に結びつけられるだけではなく、消費活動にも（あるいは消費活動にこそ）結びつけられるものになっていく。田中康夫の先の引用はそのような状況の戯画のようなものとみることができるだろう。

そもそも職業がアイデンティティの統合を促すのはなぜか。職業活動が、最終的には資本の利潤追求に結びつけられた合理性に枠づけられていること、そしてその合理性に適応して熟練することにはそれなりに時間がかかること、これが大きな理由であろう。エリクソンが想定しているような社会にあっては（そしてそれは一九五〇年代のアメリカ社会のある一面を反映しているのであろうが）、職業組織の中で与えられた役割に時間をかけて自らを合わせていくのである。モラトリアム期間のさまざまな実験（アイデンティティの試着）を経て、多くの可能性は捨て去られ、特定の型にそって個人は固められていく。

消費社会化はその「固さ」を溶解させてしまう。消費の領域では可能性を捨て去る必要は必ずしもない。それは継続された試着期間のようなものだ。さまざまな自己の可能性を消費を通して試しつづけることができる。[5] 固さへと統合しないで生きることの楽しさを消費社会は教えるのである。

一九八〇年代の日本にあってこの変化に「柔らかい個人主義」という名を与えたのは劇作家・批評家の山崎正和であった。山崎の見立てはこうだ。消費社会において古典近代的な禁欲から自由になった人々は、今や顔のみえる範囲で形成されたサークルの中で即時的な楽しみを追求する方向へと向かいつつある。すなわち、古典近代の社会においては生産が生活の中心を占め、将来の欲求充足のために現時点での欲望を抑制するという生活態度が一般的であったのに対して、日本でいえば一九八〇年代以降の消費社会においては、それ自体を目的とする営みを小さな関係の中で享受するという振る舞い方が広がっていくというのである。例えば、趣味のサークルのようなものがそれだ。

このような変化は、自己のあり方とも連動すると山崎はいう。エリクソンの想定したような、自分自身の中に一貫性や統合性を保持する自己ではなく、他者との交わりの中であらわれてくるさまざまな自分をそれとして包容するような自己が標準的なモデルになっていく。山崎はこれを「柔らかい個人主義」と呼び、次のようにいう。

成熟するとは、必ずしも自己を限定することに尽きるものではなく、むしろ、限定しきれない自己の曖昧さと複雑さとを受け入れることでもあらう。常識も認めるとおり、おとなになるとは一種の性格の柔軟さを身につけることであり、積極的に自己の内部の矛盾を認め、それに耐へ忍ぶ能力を持つことだとも考へられるからである。（山崎 1984→1987: 42）

消費社会化にともなう固い自己の溶解、これが第一の変化である。

3-2 親密性の変容

第二の変化は、親密性の領域に生じたものである。この変化には互いに関連し合う二つの側面がある。第一に、アイデンティティにとって個々の人間関係が持つ意味合いが重くなっていくという変化。第二に、エリクソンがアイデンティティの中核に関わると考えた結婚や出産がますます難しくなっていくという変化。これらを順にみていこう。

第一に、若者たちにとって親しい関係を維持しつづけることそれ自体が重要な意味を持つようになっていく。その関係においてどのような目的が達成されているのか、ということよりも関係が続いていること自体がアイデンティティの重要な支えとなる。関係しているという事実が、関係によって達成されている目的よりも重要になってしまう状況を北田暁大は「つながりの社会性」と呼ぶ（北田 2002: 160）。アイデンティティは、つながりの社会性に支えられるものになっていくのである。(6)

携帯電話を用いた文字通り常時接続型のコミュニケーションは、若者たちにとってアイデンティティの管理作業にほかならない。

管理作業といっても、彼らがそれを重荷にのみ感じているというわけではない。いくつかの調査の結果が示しているように、若者の友人関係は基本的により良好なものとなっている。つながりの社会性は、彼らにとって喜びや楽しみの源泉でもある。だからこそ「依存」を懸念されるほどにのめり込んでもしまう。

だが、つながりの社会性を土台としたアイデンティティは、そのつながりの場が増えていくにつれて統合への志向性を弱めていかざるを得ない。ある関係性においてより深く喜びを味わい、より深く自己を実感するためには、その関係にもっともなじむ自己が提示されなければならない。それはその場との関係においてもっとも実感のある（リアルな）自己である。かくして複数の関係、複数の文脈のそれぞれに対して、もっともよくなじむ自己が提示され、表現されるであろう。

そして、それら複数の顔は、個々の文脈へのなじみ具合が大きくなればなるほど、相互の整合性を緩めていく。その果てにあらわれるのは、個々の文脈においてはそれぞれ「ほんとうの自分」であるような複数の自己が、ある一人の人間の中に統合されることなく並存しているような多元的な自己のあり方である。

次に二つめの変化、すなわち結婚・出産が困難になりつつあるという点について確認する。今日、晩婚化・非婚化やそれにともなう少子化が問題になっていることはよく知られている。この変化の背後にあるのは、次にみる労働のあり方の変化とともに、一九七〇年代に完成をみた日本の家族制度が徐々に崩れつつあるということだ。本田由紀が明晰に整理してみせたように、日本の家族制度は独特の雇用慣行と教育システムとの間に強いつながりを持ってきた（本田 2014）。すなわち、正社員である男性に対して企業は、男性の配偶者や子どもも含めて世帯全体の生活が成り立つように給与を支払ってきた。いわゆる標準世帯（サラリーマンの男性、専業主婦の女性、子ども二人）はこのような働き方を前提にしている。

しかし、一九九〇年代以降、正社員として雇用される若者の比率が相対的に下がっていくにつれて、彼らが「標準世帯」を形成することは困難になっていく。その一方で、女性が安定して働き続けられる環境の整備はいまだなされておらず、結婚に際して男性が正社員であることを求める意識は高いままである。正社員になれない男性と、正社員男性を求める女性と。このミスマッチが、晩婚化・非婚化をもたらす要因となっている。

こうして一方で、親密な関係は自己を多元化させていく動因となり、他方で、結婚という形で特定の関係に自らを拘束することは徐々に困難になりつつある。これが第二の変化である。

3-3 労働の変容

消費の領域が若者の生活の中で重要性を増してきたと先に論じたが、それと同時に、労働の領域においても重要な変化が生じていた。すなわちそもそも統合の係留点になるほど安定した職に就ける若者が減ってきている。これが第三の変化である。

日本の雇用慣行の要をなす仕組みの一つが新規学卒一括採用である。考えてみれば、何の専門的技能もなく、また職業経験もない新規学卒者たちは、労働市場では最も不利な立場におかれているはずだ。だが、採用後に企業内で教育することを前提とした新規学卒一括採用という仕組みのおかげで、卒業と同時に就職するかぎりにおいてきわめて有利な地位を与えられることになった（逆にここでうまく就職できないと不利になるということでもあるが）。つまり若者たちは、この仕組みによって上げ底され、保護されていたともいえる（濱口 2013）。

一九九〇年代以降に生じた変化は、このような仕組みを通した学校教育から労働市場への滑らかな移行の失調である。従来の移行過程のあり方を指して、メアリ・ブリントンは「学校という『場』から会社という『場』へ――この二つの『場』を結ぶレールがしっかり敷かれていた」と表現し、山田昌弘はそれを「パイプライン」に喩えた（Brinton 2008; 山田 2004）。一九九〇年代に生じた変化は、彼らの言葉を用いていえば、場の喪失でありパイプラインの漏れということになる。

このような移行過程の変化は、経済のグローバル化と企業間競争の激化にともなって企業がこれまでのような雇用体制をとり得なくなってきたことから生じているものだ。実は若者の周辺化は、日本以外の先進資本主義諸国でははやくから問題として浮上してきており、その意味では日本は、二十年ほどのタイムラグをおいて先進諸国の標準形に「追いついた」ともいえる。その意味では、若者が保護されたまま就職してきた一九七〇年代から一九八〇年代の日本の状況の方が特殊だったとさえいえるだろう。

ただし、係留点を失ったのが周辺化された若者だけではないという点にも注意が必要だ。例えばリチャード・セネットはある著作の中で職を転々としながら社会的に上昇してきた若いホワイトカラーの事例を検討している（Sennett 1998=1999）。エリートといってよいであろうこの労働者は、貧しい家庭に生まれ、努力の末に社会的な成功を収めた。その間に彼は頻繁な転職と引っ越しとを繰り返してきたのだが、このようなキャリアは、経済的な成功とは裏腹に彼のアイデンティティを蝕んでいる、とセネットは指摘する。実際彼は、自分自身に対して、また息子に対して、自分が何者なのかをうまく説明できないという漠然とした悩みを抱えていた。つまり労働市場の流動化は、社会的な地位の高低にかかわらず、人生に一貫性を与える枠組としては機能しなくなっているということをセネットの事例は含意しているように思われる。

いずれにせよ職業に自分自身を結びつけることで統合を志向するという選択肢は、ますます多くの人にとって現実的なものではなくなっていく。これが第三の変化の実質である。

以上、一九九〇年代以降の日本社会が被った変化の三つの局面をみてきた。ここで確認しておきたいのは、アイデンティティの喪失や解体を検出する基準そのものが揺らいでいるということだ。しかもそれは一時的な揺らぎではない。むしろ、その基準を基準たらしめてきた社会的条件の方こそ、ある時期にのみなりたっていた特殊な状況だったというべきである。ではこのような変化（を検知する基準自体の変化）を踏まえた時に、自己やアイデンティティはどのように取り扱うのがよいのであろうか。次節ではその点を検討してみよう。

4　トランスフォーマティブ社会におけるアイデンティティ

アイデンティティの「喪失」や「解体」は、エリクソン・モデルを自明の前提として語られる物語であった。今日の社会においてはそのモデル自体が変容に晒されるため、喪失・解体の物語も失効してしまうだろう。これが前節で確認したことである。それではそのような状況で、どのように「若者のアイデンティティ」は社会学の対象となり得るであろうか。

この問いに答える前に、次のような反論に応答しておいた方がよいかもしれない。すなわち、「解体」や「喪失」ではなくとも、自己の多元化が何らかの悪い状態をもたらしているのであれば、それを「病理」や「道徳的非難」の言語で語ることにも一定の意義があるのではないか。

青少年研究会が二〇一〇年に行なった大学生調査のデータを用いて、この点を検討してみた結果が図表2−5だ(7)。

紙幅の都合上、詳細な分析内容を紹介することはできないが、結論だけ確認しておけば、自己多元化の度合い（自己多元性得点）が高い大学生ほど、自己肯定感や自己有能感が高く、時間的展望を保持し、コミュニケーション能力が高い上に、物事に前向きに取り組む傾向をより強く示す。こ

図表2－5　自己多元化の効果

	自己肯定感	自己有能感 特技	自己有能感 外見	自己有能感 勉強	自己有能感 友人関係
性別		−**(男性で高い)	−**(男性で高い)		+**(女性で高い)
年齢	+*	+**	+**		
暮らし向き	+**	+**			+**
大学難易度				+**	−*
大学所在地	+*				
自己多元性得点	+*	+**	+**	+**	

	時間的展望	対人関係スキル得点	自己啓発志向得点
性別			−**
年齢	+*		+**
暮らし向き	+**	+**	
大学難易度		−**	
大学所在地	+*	+**	
自己多元性得点	+*	+**	+**

注：記号は関係の方向性を、*は有意水準を示す（** 1%, * 5%）

れらの特性は、いずれもエリクソンがアイデンティティ拡散のもたらす問題として描き出していたものとちょうど反対を向いている。

これを踏まえて先の反論に応答しておくなら、エリクソン・モデルが失効しているだけでなく、そもそも統合を志向しない自己（多元的自己）が、否定的に評価されるべき特徴を持っているという判断自体も妥当ではない可能性があるということだ。逆に自己の多元性が低いほど生きづらくなってしまう可能性をさえこの分析は示唆しているだろう。

ではエリクソン・モデルが失効したあと、「若者のアイデンティティ」はどのように社会学の対象になり得るのであろうか。ここでは四つの点を指摘しておきたい。

第一に、エリクソン・モデルの失効は、広義の「発達」概念や「社会化」の過程を否定するものではない。自己意識のあり方が形成されていく過程をみるさいに、独特の可塑性を持つ時期があるということまで否定する必要はない。実際、自己意識の多元化には、時代や世代の効果に加えて年齢もまた一定の効果を持っているらしいことが確認されている（浅野 2014b）。

第二に、広義の「発達」を受け入れた上で、しかし、それを例えば生物学的・心理学的・認知科学的・神経科学的等々の普遍性をもったものと考える必要もない。エリクソン・モデルにおいて「成熟」とはアイデンティティを統合することであった。彼は、統合しないことにより環境に適応する自己のあり方を「プロテウス的」と表現し、これをある種の非倫理的な生き方とみなしていた。いわく、

役割が、多元的なアイデンティティの名において、あるいはアイデンティティがないことを理由にして、恣意的に演じられてゆく場合には、古い型の良心は決して解放されるわけではなく抑圧されるにすぎないことを示すために、わたしは今日、人間の良心の性質についてお話ししてまいりました。この恣意的な役割交換の結果は、思慮ある寛容さに根ざした自由の拡大ではなく、一つの役割でなくさまざまな役割の調整という倫理以外には、何の倫理も体現できないし他人に伝えることもできない、という状態に陥るにすぎないのです。調整では不十分なのです。なぜなら、自我は自らが環境に適応しているという意味と、人間の必要に応じて環境を適応させているという意味の、二つの意味における適応こそを必要としているからです。（Erikson 1974=1979：139）

ここには環境と人間と相互作用についてのある普遍的な（少なくともギリシア神話にまで遡れるような）望ましさが想定されている。

このような普遍性の層を強く否定する必要もないが、社会学が若者を研究する際により重要なのは、発達なり成熟なりが社会的な諸条件と結びつきながら変化していく層の方である。前節で参照した山崎正和が、「柔らかい個人主義」をまさに成熟のモデルとして提示していたことに注意してほしい。山崎の視点からすれば、多元的な自己こそ成熟した自己の姿であり、先に紹介した大学生調査の結果はそれを裏付けるものということになるかもしれない。人は「『誰かであること』として生きるために、広い社会のもっと多元的な場所を求め始める」であろうというわけだ（山崎1984→1987：63）。

第三に、しかしこのような成熟モデルの変遷という語り方が、若者全体について一様に成り立つと想定する必要もない。それは男性と女性とでは異なるだろうし、都市部と非都市部でも異なるだろう。あるいは出身階層によっても違いをみせるかもしれない。平均すれば多元化が進行しているとしても、どの若者もみな多元化していると考える必要はないのである。若者の中のこの違いもまた社会学的なアイデンティティ研究の対象となる。この観点からは、若者のアイデンティティについて語ることよりも、どの若者のアイデンティティがどうなっているのか、について語ることの方が重要になってくる。いわば中範囲の、あるいは連辞符アイデンティティ論である。

第四に、研究対象としての「若者のアイデンティティ」の存在は、それを用いてなされる社会的な活動の有無に即して考えられるべきものである。諸活動から独立に、それがあるとかないとかいってもあまり意味がないことに注意すべきである。そして、そのような活動には当の若者自身もまた参加する。第2節で紹介したように、エリクソンのアイデンティティ・モデルはしばしば当時の学生運動を説明する際に大人たちによって参照されたのだが、同時に若者たちも自分たちを理解し、説明するためにその枠組に言及していた。社会学者が若者のアイデンティティについて調査し、分析しようとする営みもまたそれら諸活動の一部である。

例えば自己とは物語であるという社会学的な議論がある（浅野 2001）。自己物語論とでも呼ぶべきこの議論は、社会学者の間で読まれ議論されると同時に、例えば一般読者向けの啓蒙書としても書籍市場に流通することで（例えば榎本（2002））、多くの人々の自己形成を方向付けることになる。このような方向付けは「自己は物語である」という理解になじみやすい現実をあらためて生み出していくであろう。

多元的自己についても同じことがいえる。今日の日本社会においては、多元的な自己のあり方はごくふつうのものとなりつつあるばかりでなく、例えば、文学の形式においてそれに相応する倫理をさえ模索し始めている（伊藤氏貴 2007；平野 2009）。これもまた（必ずしも明示されていないが若者の）アイデンティティをめぐる諸活動である。さらに平野啓一郎は、作品において示された「分人dividual」（個人 individual に対比される平野の造語、本章でいう多元的自己に近い含意を持つ）をある種の生き方の指針として提示してもいる（平野 2012）。このような啓蒙書を読み、それによって自らへの関わり方を変えていく過程が、まさに「分人」という現実を産出する。自己をめぐる語り、それを用いた諸活動、それが語られた当の自己を再生産（したりあるいは思わぬ方向に軌道を変えたり）する過程に即して「若者のアイデンティティ」なるものが研究の対象として現れてくる。この諸活動も研究対象としうるし、それが継続するかぎり「若者のアイデンティティ」もまた研究対象として存続するであろう。

以上の四点を考慮するなら、トランスフォーマティブ社会においても、少なくとも今しばらくは若者のアイデンティティを対象とした社会学的研究もそれなりの意味を持つであろう。アイデンティティの変化を語るためにこれまで依拠してきた基準そのものが変化していくというトランスフォーマティブな変化の中で、それでもアイデンティティを社会学的な研究の対象とするための工夫はまだまだ可能であるといってよい。

注

（1）例えば、エリクソンがアイデンティティとともに提起した重要な概念であるモラトリアムはある時期以降、社会や文化を語るための「日常的知」へと変貌した（小川 2014）。

（2）もちろんエリクソン・モデルがそもそも日本に適用できるのかどうかという点に懐疑的な人々もいるだろう。ここでは、江藤淳の名をあげておく（江藤 1967→1993）。

(3)ただし栗原は、私的な関係に閉じていくようにみえる若者たちに単に絶望しているわけではない。例えば、栗原（2011）は、やさしさの現代的な可能性を見出そうとする試みである。

(4)そもそも近代社会を語る言葉はしばしばこの「解体」「喪失」の物語に引きつけられ続けてきたともいえる。この点については佐藤（1998）を参照。なお片瀬一男は、「社会階層と社会移動全国調査」（一九五五年より長期にわたって実施されている大規模な社会調査）のデータを用いて、一九七〇年代の若者の意識構造を検討した結果、小此木のいう「モラトリアム人間」的な傾向は必ずしも見出されなかったと結論している（片瀬 2015）。片瀬によれば、「モラトリアム人間」論は一九九〇年代後半以降に一般化していく「若者バッシング」の原型とでも呼ぶべきものであった。

(5)モラトリアムの延長あるいは長期化を、小此木啓吾が消費社会と表裏一体のものとして論じ、栗原彬が産業社会的な合理性への抵抗とみたのはそれゆえであろう（小此木 1978；栗原 1996）。

(6)それと対比されるのが、関係の事実性の外部に関係を評価し規律する規範が想定されるような関係のあり方、「秩序の社会性」である。

(7)全国二六大学で実施。詳細は浅野（2014a）を参照。

文献

浅野智彦（2001）『自己への物語論的接近』勁草書房

浅野智彦（2014a）「多元的自己と移行過程」、溝上慎一・松下佳代編『高校・大学から仕事へのトランジション』ナカニシヤ出版

浅野智彦（2014b）「ＳＮＳは『私』を変えるか」、松田美佐・土橋臣吾編『ケータイの２０００年代』東京大学出版会

Brinton, Mary C. (2008), *Lost in transition: youth, education, and work in postindustrial Japan.*

Cambridge University Press（=2008 池村千秋訳『失われた場を探して』NTT出版）
榎本博明（2002）『〈ほんとうの自分〉のつくり方』講談社現代新書
Erikson, E. H.（1963）*Childhood and Society 2nd ed.*（=1977, 1980 仁科弥生訳『幼児期と社会』1、2 みすず書房）
Erikson, E. H.（1968）*Identity: Youth and Crisis*, Norton（=1973 岩瀬庸理訳『アイデンティティ』金沢文庫）
Erikson, E. H.（1974）*Dimensions of a New Identity*, Norton（=1979 五十嵐武史訳『歴史のなかのアイデンティティ』みすず書房）
江藤淳（1967→1993）『成熟と喪失』講談社文芸文庫
濱口桂一郎（2013）『若者と労働』中公新書ラクレ
平野啓一郎（2009）『ドーン』講談社
平野啓一郎（2012）『私とは何か』講談社現代新書
本田由紀（2014）『社会を結びなおす』岩波ブックレット
伊藤氏貴（2007）「自我からの逃走」『文学界』二〇〇七年四月号
北田暁大（2002）『広告都市・東京』廣済堂
栗原彬（1996）『増補・新版やさしさの存在証明　若者と制度のインターフェイス』新曜社
栗原彬（2011）「21世紀の『やさしさのゆくえ』」小谷敏他編『〈若者の現在〉政治』日本図書センター
宮本みち子（2002）『若者が《社会的弱者》に転落する』洋泉社新書y
小川豊武（2014）「若者言説はいかにして可能になっているのか」『年報社会学論集』27号、三七―四八頁
小此木啓吾（1978）『モラトリアム人間の時代』中央公論社

小此木啓吾（2000）『「ケータイ・ネット人間」の精神分析』飛鳥新社
佐藤俊樹（1998）「近代を語る視線と文体」高坂健次・厚東洋輔編『講座社会学1　理論と方法』東京大学出版会
Sennett, R.（1998）*The Corrosion of Character*, Norton（=1999 斎藤秀正訳『それでも新資本主義についていくか』ダイヤモンド社）
田中康夫（1980→1985）『なんとなく、クリスタル』新潮文庫
山田昌弘（2004）『希望格差社会』筑摩書房
山崎正和（1984→1987）『柔らかい個人主義の誕生』中公文庫

第三章　「若者」はいかにしてニュースになるのか

小川豊武

1　はじめに

私たちは日常生活のさまざまな場面において、「若者」というカテゴリー(1)を用いてごく自然に、さまざまな活動を行っている。ここでいう活動とは、主に言語によって行われている社会的実践のことを表している。例えば、マスメディアは日々現代の「若者」について「報道」や「批評」をしている。それをみたり読んだりしている読者や視聴者はいまどきの「若者」について何かしらの「意見」を述べることができる。政府や自治体は「若者」を対象とした政策を「立案」したり、企業は「若者」を対象に商品やサービスの「企画」をしたりしている。そして、研究者は「若者」を対象に「調査」や「分析」を行ったり、時として本書のような「若者」をテーマとした書籍を「執筆」したりしている。「若者」という年齢の「若さ」を要件に人々を分類するカテゴリーは、私たちに実にさまざまな活動の可能性を与えてくれているのである。

二〇〇〇年代以降、社会学やそれに隣接する分野において、世間に流通する若者論が「若者バッシング」（浅野編 2006）や「俗流若者論」（後藤 2008）として批判的に検証されてきた。若者論批判が問題としてきたことは、主としてマスメディアにおける若者言説が、しばしば統計に代表されるような実証的なデータに基づいておらず、若年層の実態を捉え損ねているようにみえるという点であった。また、若者言説は一部の特異な「若者」を日本全体の「若者」の代表であるかのように扱って、ステレオタイプの形成を助長しているようにみえるという点も問題とされた。さらに、二〇一〇年代には古市憲寿が、「世代論が流行するのは、階級論がリアリティーを持たなくなった時である」として、若者論の流行が一九六〇年代後半から七〇年代にかけて浸透した「一億総中流意識」とパラレルに生じていた点を指摘した。そして、「格差社会」の進行に伴い、「『一億総中流』という階層消滅幻想」が崩壊し、「年齢以外、その多様性は問題とされない均質な集団」としての「若者」概念は、存続の危機に立たされていると主張した（古市 2011: 18-68）。

「若者」とは科学的なデータに基づかない「曖昧」で「強引」な概念であり、かつ特定の時代に固有の現象である――学術書のみならず、一般書においても展開されたこうした若者論批判を経た現在において、私たちはもはや「若者」カテゴリーを以前のように素朴に用いることができなくなりつつあるようにもみえる。しかしながら、先述したように私たちは依然として「若者」カテゴリーを用いて実にさまざまな活動を行っている。そうしたさまざまな活動は、必ずしも若年層の実態把握や特異な若年層の一般化のみを目的としているわけではない。「若者」カテゴリーがさまざまな社会的実践の構成に関わっているものである以上、私たちは「若者」カテゴリーの失効を宣告する前に、「若者」と同様に若者言説の多様性をも捉えるべきなのだ。そして、その試みは決して多様性を捨象した一般的知見の解明としてではなく、個別具体的な状況や文脈の中で、人々がその都度、「若者」カテゴリーを用いながら、どのような活動を行っているかを記述的に解明していく作業として行われるべきなのである(2)。

このような問題関心から、本章では若者言説が行っているさまざまな実践の中からマスメディアにおける「報道」という実践に焦点を当てたい。若者論批判が指摘してきたように、「若者」とはある観点からすれば、「曖昧」で「強引」にみえるカテゴリーである。にもかかわらず、なぜ「若者」というカテゴリーは繰り返し用いられ続けているのだろうか。その理由の一つとして挙げられることは、「若者」カテゴリーがマスメディアにおける「ニュースの産出」に結びついていると考えられる点である。マスメディアの実践とは、多かれ少なかれ読者や視聴者にとって何らかの意味ある情報を産出することといえる。その中でも「報道」と呼ばれる実践は、読者や視聴者に「ニュース」を知らせることを目的としている。しかしながら、意味のある情報であればどのようなものでもニュースになることができるわけではない。大石裕はニュースの特質を簡潔に①「人々が新しいと認識する情報」、②「公的な情報」、③「人々の関心を集める情報、あるいは人々が自らの利害とかかわると考える情報」の三点にまとめている（大石 2000: 5）。このような特質を備えてはじめて、その情報は「ニュースとなる資格」を持つと考えられるのである。

さらに見過ごしてはならないことは、「ニュースとなる資格」を持つ情報を産出するために用いられている「方法」である。いうまでもなく、ニュースとは世界で起きている出来事の報告である。しかし、数多くのメディア研究が明らかにしてきたように、世界で起きている出来事はそのままの形で「ニュースとなる資格」を帯びるとは限らない。そこには取材、制作、編集などさまざまなニュース生産のプロセスがある。そして、本章が特に注目したいことは、そうした生産のプロセスというよりはむしろ、ニュース・テクストそれ自体の中で、記事を読者にとってまさに「ニュース」として理解可能なものにする、その「やり方」である。ジム・シェンケインはある犯罪報道の新聞記事の分析を通して、新聞が「世界の中の」出来事の物語を「ニュースの中の」物語に変換するために日常的に用いている方法を緻密に分析している（Schenkein 1979）。本章で明らかにしたいことは、このような方法の一つとして、新聞記事内で「若者」カテゴリーが用いられている、そのやり方にほかならない。そして、こうした「若者」カテゴリーを用いたニュース産出の方法の解明は、ニュースと同様に、「若者」カテゴリーを用いて何らかの意味のあるテクストを構成している若者言説の実践の解明にもつながっていくはずである。

本章では「若者」カテゴリーを用いてニュースを産出する方法について一つの見通しを得るために、一本の新聞記事を取り上げて分析を行う(3)。取り上げるのは、「終戦の日」である二〇一四年八月一五日に靖国神社に参拝に訪れた「若者」について報じた記事である。この記事に着目した理由は、対象の定義やサンプリングなどの科学的な手続きがとられていなくても、「若者」についてのニュースの報告がごく自然に達成されており、かつ私たち読者もこれをニュースの記事としてごく自然に読めてしまえると思われる点にある。さらにいえば、若者論批判の観点からすれば、ともすれば「右傾化する若者」の報告とも解釈されかねない内容が含まれているにもかかわらず、記事全体においては、それとはまったく異なる活動が行われているように見受けられる点も注目に値する。分析の際は先述したように、新聞記事がニュース報道として、「若者」カテゴリーを用いながらどのような活動を行っているのかを記述的に解明することに主眼を置く。こうした作業は、決して「若者」報道の代表的なパターンを明らかにすることを目指したものではない。また、特定の新聞社における「若者」の描かれ方のイデオロギーを明らかにすることを目指したものでもない。本章の分析が目指すのは、私たちが日常的に用いている「若者」報道における理解の仕方の一つを記述することを通して、若者言説が持つ固有のリアリティーの一端を解明することにほかならない。次節ではまず記事の概観をした上で、分析への足掛かりを得ることとしよう。

2 分析の対象——靖国神社に参拝に来た「若者」たち

新聞報道における「若者」カテゴリーを使用する実践にも当然のことながらさまざまなものが存在する。本章ではそれらの中から、新聞記者が街の人々などにインタビューを行い、その内容をまとめて報告するという形式の記事を取り上げたい。記者がインタビューを行うといっても、特に何の方針も無く街行く人々に話を聞いてもそれではニュースにならないであろう。そこでは、あるテーマに沿って街行く人々へインタビューを行い、その内容を選択・配置し、ニュースとして理解可能なものにするためのさまざまな方法が用いられているはずである。そして、そこで用いられている方法は決して記事を書いている新聞記者だけでなく、それを読んでいる読者にも用いられている方法なのである(4)。私たちは新聞を読む時に、実にさまざまな記事に接している。その際に通常、内容がよく理解できないもの、納得がいかないものに出会うことがあっても、「これはニュースではない」と思うような記事に出会うことはほとんどない。インタビュー記事をニュースとして理解可能なものにするための手続きや方法は、新聞記者にとってだけではなく、私たち読者にとっても利用可能なものなのである。

そのような、インタビューの報告をニュースとして理解可能なものにするために「若者」カテゴリーが用いられている事例の一つが、二〇一四年八月一六日の『朝日新聞』朝刊社会面に掲載された「若者目立つ靖国神社 「戦った人に感謝」／「徴兵で子をとられたら泣く」終戦の日」という記事である。分析の便宜上、記事引用の各段落には番号をふっている。また、記事内の人名は「男性A」「女性A」というように匿名化してある。

【引用】

①15日の靖国神社（東京都千代田区）は、若い参拝者が目立った。鳥居の下で立ち止まり、一礼して境内に入ったのは、さいたま市のアルバイト男性Aさん（23）。右手には日の丸の旗が。インターネットで知り合った知人3人と、2年前からこの日に来ている。「日本のために戦った人たちに感謝するのは当然でしょう」

②高校生の頃まで靖国神社も、太平洋戦争の詳細も知らなかった。20歳を過ぎた頃、映画「硫黄島からの手紙」に興奮した。「国のために散っていく兵士がかっこよかった」。ネット上では少し前、集団的自衛権の話題が盛り上がった。「正直よく分からないけど、自分の国が強くなるのはいいこと。ただ、戦地に行くのは嫌かな」

③さいたま市の会社員女性Aさん（30）は夏休みをとって訪れた。8月15日に来るのは初めて。安倍政権が集団的自衛権の行使を認めたことで「戦争について考えたいと思った」。戦争は嫌だが、一方で戦争をイメージできないもどかしさがある。意外と若い人も多いと感じた。数日後に90歳近い祖父母に会う。靖国神社に行ったと伝え、「戦争の話を聞かせて」と言うつもり

だ。

④千葉県野田市の女性Bさん（22）は、昨年に続き訪れた。今年は生後8カ月の長男を胸に抱いている。「亡くなった人に手を合わせるのは当たり前」

⑤集団的自衛権の行使容認は必要だと思う。「日本は自力で国を守らないといけないから」。戦争はしたくない。「うちの子、徴兵でとられちゃったら泣いちゃいますよ」

本節では、記事全体のデザインについてみてみよう。まず記事を読むことに先だって、新聞というメディアにおいては、当然のことながら、どのような記事が掲載されるかはその号の日付に大きく左右されることを私たちは予め知っている。断片は「終戦の日」である八月一五日の翌日の社会面に掲載された記事である。このことから、この記事が八月一五日の翌日という時宜にかなった内容であること、また社会面に配置されるのにふさわしい内容であることが予め推測可能なものとなっている。さらには、そのページの記事の配置、隣接する記事の内容との関連なども踏まえて、一つの記事を読むこともあるだろう。(5) 私たちは各紙面に配されている個別の記事をみる前に、その号が刊行された時期や紙面内の位置などの新聞というメディアに固有の状況を踏まえた上で、各記事の中でおおむねどのような内容が書かれているのかを、予め予想しながら新聞を読んでいる。

次に実際の紙面において、同記事の見出しは「若者目立つ靖国神社」であり、本文の上部に「戦った人に感謝」「徴兵で子をとられたら泣く」という二つの発言が配されていることがみて取れる

図表3－1　「若者目立つ靖国神社」『朝日新聞』記事

31　社会　14版　2014年（平成26年）8月16日　土曜日　朝日新聞

69回目 終戦の日

いま、さらけ出す戦争

命令で捕虜殺した　それが軍隊

中国・山東省で初年兵だった [redacted]さん(88)

極限の飢餓 生きる喜び知った

比レイテ島で戦った陸兵 [redacted]さん(93)

「死に損ない」暴言受けても語る

長崎で被爆した語り部 [redacted]さん(77)

「戦った人に感謝」「徴兵で子をとられたら泣く」

若者目立つ靖国神社

（図表3－1）。私たちは通常、新聞を読む際は本文よりも先にこうした見出し文を先にみて、その記事の内容について大まかな予測を立てる。そして多くの場合、その予測に基づいて、その記事を実際に読むかどうか決めているはずだ。フランシスとヘスターは、新聞を読むという社会的実践の特徴の一つとして、「記事は一般に、標準化された要素を使って組み立てられていること」を挙げている。この「標準化された要素」とは、たとえば「見出しと、その見出しについて細かく述べた報道記述」といった基本的な要素を指しており、「こうした要素は一定の順番で読まれるように構成されている」(Francis and Hester 2004=2014: 91)。また、ジョン・リーが指摘しているように、新聞記事における見出しは、見出しに続く本文を特定のストーリーや理解の仕方で読まれることを指示する働きも持っている(Lee 1984)。

私たち読者はこの記事をみた時に、まずは「若者目立つ靖国神社」という見出しを確認するだろう。ここでは書かれてある通りのことに加えて、「若者」が「靖国神社」において「目立つ」ということが一つのニュースとして価値があるということも同時に示されているといえる。さらに、これから本文の中で紹介されるであろう人物が「若者」であることも指示されているといえる。そして、その後に、記事上段にある「戦った人に感謝」「徴兵で子をとられたら泣く」という発言をみるだろう。これらの発言はまだこの段階では誰の発言によるものかは明示されていないにもかかわらず、私たちはこれらを「若者」たちの発言であると読むことができるだろう。こうした見出しの配置から、本記事は、〝「靖国神社」に集まっている「若者」たちとはいったいどのような人たちなのか〟、〝彼・彼女らはなぜ「靖国神社」に集まっているのか〟、といった観点から本文が読まれるように組み立てられているものと思われる。

3 「若者」はどのようにして「目立つ」のか

3-1　場所に結びついた規範性

それでは本節からは記事の内容についてみていこう。本節でまず明らかにしたいことは、本記事では人々を分類するためのカテゴリーとして、なぜほかでもない「若者」が用いられているのかということである。いうまでもなく、人々を分類するためのカテゴリーは「若者」以外にも無数にある。人々を分類するためのその他のさまざまなカテゴリー、例えば性別（「男性」「女性」）、国籍（「日本人」）、職業（「学生」「会社員」「アルバイト」）などではなく、ほかでもない年齢集団カテゴリーである「若者」が中心的に用いられているのであれば、そのカテゴリーの使用はいったいどのようにして適切なものとして正当化されているのだろうか。[6] 私たちはこの記事を見て、おそらく「若者」カテゴリーが用いられていることに特に違和感を抱くことはないだろう。しかしながら、このように私たちが日常生活の中でごく当たり前のこととして理解していることは、実は極めて精巧な、概念やカテゴリーの使用によって組み立てられているのである。以下、やや丁寧にその組織化の方法を見ていくことにしよう。

まず本文①では毎年同日にその模様がマスメディアで多く取り上げられる「靖国神社」の文字がみえる。記事内でも、また面全体においても、「靖国神社」とはどのような性格を持った場所・建築物であるかといったことに関する説明は付されていない。ここから「靖国神社」という場所が特に解説をしなくても、「ニュース」として取り上げられるべき意味を持った場所・建築物であることがみて取れる。そして、そのすぐ後で、「若い参拝者が目立った」と述べられている。ここに記者が取材内容をニュースにするための方法論をみて取ることができる。すなわち、第一に「若い」という特徴づけによって「靖国神社」に来ている人々を分類すること、第二に「参拝者」という表現からそこに来ている人々を「参拝」をしに来ている人々であると定式化していること、第三に「目立った」という表現から、そのような「若い参拝者」が少なくない数で存在していたことを報告している。

　見出しに続いて用いられている、この「目立つ」という概念には注意が必要である。一般的に「目立つ」という概念はある一定量を超えればそのように表現できるといった意味の概念ではなく、極めて状況の理解による規定を伴うものである。もともとある年齢段階の人物が多くいて当然の場所、例えば大学のキャンパス内に大学生が多くいても、私たちはその光景をみて「大学生が目立つ」とは言わないだろう。しかし、本来、大学生がそれほど多くいるとは期待されていない場所、例えばオフィス街や老人ホームなどに多くの大学生がいた場合には、私たちはその光景をみて「大学生が目立つ」と表現するかもしれない。この①の「目立った」もまさにそのような概念として用いられている。すなわち、ここには、〝本来、若い人たちがそれほど多くいるとは期待されない場所に、若い人たちが多くいる〟という理解の仕方をみて取ることができるのである。

　ここでは、場所と結びついたカテゴリーの使用を通して、ニュースの産出が達成されていることがみて取れる。次の二点を指摘できる。第一に、年齢集団カテゴリーと場所が規範的に結びついている点がある。すなわち、靖国神社という場所に訪れることが一般的に期待されない「若者」という理解のもとで、「若者」が「目立つ」と捉えることが可能になっている。第二に、こうした年齢集団カテゴリーと場所の結びつきは、「戦争」に関する知識や経験の有無あるいは多寡によってもたらされていると理解できる点がある。すなわち、例えば戦争経験のある「高齢者」はまさに経験が「ある」ゆえに、戦没者の慰霊に訪れることは少なくとも「若者」よりかは期待されるといえる。対して「若者」の方はまさに戦争経験が「ない」ために、少なくとも戦争経験者よりかは参拝に訪れることは期待されないといえるだろう。また、直接戦争は経験していなくても、例えば「年配者」の方が伝聞も含めて戦争についての知識を多く持っていることが期待される。対して「若者」は少なくとも「年配者」よりかは戦争についての知識が少ないことが期待され、また記事内においてはメディアを通してしかその知識を持ち合わせていないという理解もみて取れる。このようにして、本記事では〈「若者」が本来いることが期待されない靖国神社〉という、場所とカテゴリーを結びつけた一般的期待を用いることによって、取材対象の発見が行われているといえる。そして、そうした一般的期待からは外れた対象として取材対象を「若者」と分類することによって、ニュースという新奇性のある情報の産出が達成されているのである。

3-2 「若者」を「参拝者」として描写すること

このように本文の冒頭で、年齢段階カテゴリーと場所を結びつけた一般的期待が用いられて「若者」が「図」として立ち上げられた後に、続く文では個別の若年の特徴について述べられていく。

私たちはある人物の特徴について述べるときに、個別具体的な文脈との関連において、その人の特徴として「どのような要素を述べるべきか」を選択している。例えば、仕事上のプロジェクトで新しくチームに加わる人物を既存のメンバーに紹介する際などは、その人物がチームの中で仕事を進める上で、メンバーが関心を持つ要素（その人物の仕事の進め方、これまで経験してきた仕事内容、以前の上司や同僚の評価 etc.）のみが特徴として選択され、その人物の家事の取り組み方や休日の過ごし方、恋愛遍歴などは、最初のうちは選択されないかもしれない。本記事においても、新聞報道という実践の中で、どのようなレリバンス（関連性）のもと、「若者」の特徴となる要素が選択されているのかに注目する必要がある。

段落①では一人目の男性の名前と属性の紹介の前に、「鳥居の下で立ち止まり、一礼して境内に入ったのは」という行為の描写が付されている。ここではなぜこのような行為の描写が必要だったのであろうか。断定的なことは述べられないが、私たちはある状況において行うことが当然の行為については、描写を省略することがしばしばある。例えば、友人や知人に高校生の息子について紹介する際に、「毎日高校に通って机に座って授業を受けている息子」という描写はおそらくしない。ある人物の特徴づけの一つとして、その人が行った行為について述べるということには、その人物が行う行為としては当然のことではない行為であるということが示されているのである。したがって、本記事の「鳥居の下で立ち止まり、一礼して境内に入ったのは」という行為の描写は、「若者」が行うこととしては一般的には期待されないという理解の下で付与されているといえる。さらに、

「鳥居の下で立ち止まり、一礼して境内に入」るという行為は、「若者」に限らずとも、神社参拝の作法をわきまえた「参拝者」であることを示しているだろう。ここでは、このような行為の描写をすることによって、男性を〈熱心な参拝者〉として理解することが可能になっているといえる。

段落③では二人目のインタビュイーである女性について述べられている。この女性は一人目の男性と同じく「さいたま市」居住であることに触れられた上で、職業が「会社員」であることが述べられている。「会社員」は平日の日中は仕事に従事していることが期待される人物である。二〇一四年八月一五日は平日の金曜日であった。本記事には取材された時間帯は書かれていないが、特に記載がないためおそらくは日中だと思われる。そのため、会社に勤めていたり、学校に通ったりしている人の場合は、休暇を取るなどしない限り、参拝には来られないはずだ。だからこそ、「夏休みをとって訪れた」ことが説明として付されていると思われる。ここから読者は、〝わざわざ会社を休んでまで参拝に訪れている「若者」〟という理解をすることが可能であろう。靖国神社に来たことが初めてかどうかという質問に対する回答と思われる点については、一人目の男性が「二年前からこの日に来ている」のに対し、この女性は「八月一五日に来るのは初めて」であることが述べられている。あくまでこの比較からだけでは、一人目の男性の方が〈熱心な参拝者〉であるようにも思えるが、一人目の男性が「アルバイト」という、少なくとも「会社員」よりかは平日も比較的自由に行動できると思われる職業カテゴリーを付与されているのに対して、二人目の女性は比較的平日に自由に行動しにくいと思われる「会社員」カテゴリーを付与されている。このことによって、この女性についても、〝わざわざ会社を休んでまで参拝に訪れている〟という、やはり〈熱心な参拝者〉という理解が産出されているといえるだろう。

段落④では三人目の女性が紹介されている。実名の前に職業は書かれていない。「昨年に続き訪れた」とあるように、先の二人の人物と同様に、これまでの参拝経験が述べられている。次の文では「今年は生後八ヵ月の長男を胸に抱いている」とあることから、当然のことながら昨年の参拝時には「長男」がいなかったこと、そして今年は「長男」がいることが理解可能なように述べられている。ここから読者は、この女性が、〝育児も大変であろう最中、それでも参拝に訪れている〟と理解することができるだろう。こうして、この女性についても、「昨年に続き訪れた」点や、「生後八ヵ月の長男を胸に抱いている」上で訪れている点などの説明の付与によって、〈熱心な参拝者〉という理解が産出されているといえるだろう。

このように、記事内で紹介されている「若者」三名は、八月一五日の靖国神社に訪れた「若い参拝者」として特徴づけられている。そこでは、前項で述べたように、靖国神社という場所において「若者」が「目立つ」という理解の仕方のもと取材対象の発見と分類が行われ、彼・彼女らに観察されることの中から、〈熱心な参拝者〉にふさわしい特徴が選択的に配置されていた。本記事が靖国神社において「若者」が「目立つ」ことの報告のみであれば、おそらくそれは新聞記事としては成立しなかったであろう。ある人物についてのニュースの報告においては、その人物がいったい何者であるのか、何を行っているのかについての報告も不可避的に求められるものと思われる。ニュースとして取り上げられるべき人物はほかにも無数に存在する。その中で、他でもない彼・彼女を取り上げるのであれば、ニュースとして取り上げられる者としての正当な特徴づけがなされ、またそのことが読者にも理解可能なように報告される必要があるのである。本記事ではこのような特徴づけの一つとして、「若者」を〈熱心な参拝者〉として描写するという手続きが用いられていたのである。

4　インタビュイーの発言はどのように理解できるのか

4-1　「参拝」の動機の理解可能性

前節では「若者」を靖国神社への〈熱心な参拝者〉として特徴づけることによって、ニュースの産出がどのように行われているのかについてみてきた。そうした活動は、場所と結びついた一般的期待を用いることや、インタビュイーの属性や行為の説明を選択的に付与することといった方法を用いることで達成されていた。しかしながら、私たち読者がある人物についての新奇性の高い報告を読んだ際に、必然的に求めてしまう情報はまだ存在する。それは、〝そうした人物たちはなぜそのような特異な行動をしているのか〟という疑問に対する回答となるような情報である。これに関して、記事をみていて気がつくことは、各インタビュイーの発言と思われる箇所に、一定のパターンがあると見受けられる点である。一人目の男性の「日本のために戦った人たちに感謝するのは当然でしょう」、二人目の女性の「戦争について考えたいと思った」といった発言を読んで、私たちはそれぞれが、記事内で明示されていなくても、彼・彼女らの「参拝」の動機として読むことができるだろう。

三名の発言の中から「参拝」の動機の説明として私たち読者が読むことができる発言を簡単に振り返ってみよう。まず段落①の最後で一人目の男性の「日本のために戦った人たちに感謝するのは当然でしょう」という発言が紹介されている。また段落②にはある映画を観ての感想と思われる「国のために散っていく兵士がかっこよかった」という発言もある。これらを読者はこの男性の「参拝」の動機として読むことができるだろう。続いて段落③では二人目の女性による「安倍政権が集団的自衛権の行使を認めたこと」をきっかけに、「戦争について考えたいと思った」という発言が紹介されている。段落④では三人目の女性の発言が引用されており、「亡くなった人に手を合わせるのは当たり前」と述べられている。これらの発言もこの記事を読む読者はごく自然に、やはりこの女性たちの「参拝」の動機として読むことができるだろう。これらは一体どのような方法によって「参拝」の動機として理解可能になっているのだろうか。

まず指摘できることは、本記事全体の志向性によるものである。前節で述べたように、本記事は「若者」と場所を結びつけた一般的期待を用いることによって、靖国神社に参拝する「若者」というニュースを作り上げていた。そこでは、「若者」にとっては、靖国神社に「参拝」することが、新奇性の高い行為として特徴づけられていた。そして、先にも述べたように、一般的にニュース記事においては、新奇性の高い事象が報告された場合は、何らかの意味でその理由となるような説明も付与される傾向がある。そのため、靖国神社を「参拝」する「若者」という報告がなされている本記事においては、何らかの意味でその理由となる説明、つまりその動機の説明が、記事全体の志向性として求められると思われる。そして、こうした記事全体の志向性のもとでは、新奇性の高い行為を行っているインタビュイーの発言は、その行為の動機に関連したものとして読まれることになるのである。

次に指摘できることは、各々の発言のデザインである。一人目の男性の「日本のために戦った人たちに感謝するのは当然でしょう」と三人目の女性の「亡くなった人に手を合わせるのは当たり前」には共通する特徴を指摘できる。すなわち、「〇〇することは当然だ／当たり前だ」という語りの形式である。私たちはこの語りの形式を、何らかの行為の理由を尋ねる質問に対する応答として聞くことができるだろう。例えば、「あなたはなぜ毎朝会社に行くのですか」と尋ねられて、「会社員が毎朝会社に行くのは当たり前だ」という場合のように。そして、こうした語りの形式が用いられた場合、その発言は自らが行っている行為が改まって理由を尋ねられるような行為ではないという主張をも行っているといえるだろう。以上のような発話のデザインによっても、私たちは各インタビュイーの発言を、「参拝」の動機の説明として読むことができるだろう。

こうした記事全体の志向性や発言のデザインに加えて重要なことは、各々の発言内容における常識的知識の参照である。一人目の男性の「日本のために戦った人たちに感謝するのは当然でしょう」という発言を「参拝」の動機として理解できるのは、〝亡くなった人に感謝するためにはお墓など故人の遺骨が納められている場所を直接訪れる方法がある〟という常識的知識が参照されているためと思われる。また、「国のために散っていく兵士がかっこよかった」という発言については、この男性が戦没した兵士に心を惹かれていること、そして、〝亡くなった人に心を惹かれている場合は、やはりその人のお墓を訪れることがある〟という常識的知識が参照されているといえる。二人目の女性の「戦争について考えたいと思った」という発言については、〝ある物事について考えるためには、その物事に関係した場所へ直接訪れる方法がある〟という常識的知識が参照されているといえる。また、「数日後に九〇歳近い祖父母に会う。靖国神社に行ったと伝え、『戦争の話を聞かせて』というつもりだ」という記述については、〝ある場所に直接訪れたという経験はその後の誰かとの会話において話を聞くための材料になりうる〟という常識的知識が参照されているといえるだろう。

以上のように、本記事の中では、「若者」カテゴリーを用いたさまざまな特徴づけに加えて、彼・彼女らの「参拝」の動機を記述して報告するという活動が行われていた。他者の動機を記述するという活動には、それが求められる状況や文脈上のレリバンスが存在すると思われる。本記事においては、「若者」と「靖国神社」という年齢段階と場所を結びつけた一般的期待が用いられており、そこでは本来「若者」が来る所ではない「靖国神社」という理解の仕方が用いられていた。こうした理解のもと、それではなぜ「若者」は靖国神社に「参拝」に来るのかという観点から、取り上げられた「若者」三名の動機の記述が為されていたのである。もし本記事においてこうした発言が配置されていなかったならば、私たちは靖国神社を「参拝」する「若者」たちについて、専門家の理由説明（その場合は「解説」）を求めてしまうかもしれない。実際、新聞記事やテレビのニュース番組にはそのような理由説明という活動も埋め込まれている。しかしながら、そうした説明が常に専門家を通して行われるとは限らない。本記事で行われていたこととは、取材対象の発言を巧みに配置することにより、新奇な情報の理由説明をニュースの報告それ自体の中に埋め込むという実践だったのである。

4-2　言明されない「記事の主張」の理解可能性

前節では記事内の「若者」の発言が、特にインタビュアーの質問が明示されていなくても、「参拝」の動機としてどのように理解できるのかについてみてきた。しかしながら、本記事には依然として、こうした「参拝」の動機には回収できない発言が残されている。一人目の男性の「ただ、戦地に行くのは嫌かな」、二人目の女性の「戦争は嫌だが」、三人目の女性の「うちの子、徴兵でとられちゃったら泣いちゃいますよ」などの発言である。これらは、私たちがその存在を推測することができた「なぜ靖国神社に参拝に来ているのですか」というような記者の質問に直接対応した発言のようにはみえない。しかしながら、私たちはこれらの発言を、特に違和感を抱くことなくごく自然に読むことができるだろう。そうであるならば、これらの発言はいかにして理解可能になっているのだろうか。そして、これらの発言の配置によってどのような活動が成し遂げられているのだろうか。本章における最後の分析として、これらの発言の意味についてみていこう。

ここでは二つの特徴が指摘できる。第一に、彼・彼女たちが戦争や集団的自衛権について十分な知識やイメージを持ち合わせていないことを表明していると理解できる点が挙げられる。段落②では一人目の男性の「参拝」の動機の記述の他に、彼の戦争に関する知識状態あるいは関心の変化が述べられていることに気づく。男性は高校生の頃までは靖国神社や太平洋戦争の詳細を知らなかった。しかし、「硫黄島からの手紙」という映画を観て、「国のために散っていく兵士がかっこよかった」という感想を持った。ここから男性がこの映画を観ることをきっかけにして、戦争について関心を持ち始めたことが分かる。続く文では「集団的自衛権の話題」について触れられ、その後に、「正直よく分からないけど、自分の国が強くなるのはいいこと」という発言が引用されている。ここでは「集団的自衛権の話題」に対する男性の感想もしくは意見が述べられている。最初の「正直よく分からないけど」という表現から、この男性が戦争や集団的自衛権についてまだ十分には理解できていない状態にあることが分かる。このことは二人目の女性についてもいえる。段落③では鍵カッコは付されていないが、二人目の女性の発言と思しき、「戦争をイメージできないもどかしさがある」という発言が引用されている。これらの発言を読むことによって私たち読者は、この男性や女性が戦争についてまだ明確な知識やイメージを持つことができていない状態にあることが理解できるようになっている。

このことは第二の特徴にも関係している。すなわち、彼・彼女らが戦争や集団的自衛権について十分な知識やイメージを持ち合わせていないがゆえに、それらについての定まった意見も持つことができていない状態にあると理解できる点である。再び段落②の一人目の男性の発言をみてみると、「自分の国が強くなるのはいいこと」と「ただ、戦地に行くのは嫌かな」という発言が並置されている。段落⑤における三人目の女性についても、「日本は自力で国を守らないといけないから」という発言の後に、鍵カッコは付されていないが「戦争はしたくない」という発言と「うちの子、徴兵でとられちゃったら泣いちゃいますよ」という発言が配置されている。こうした発言の配置は、ある観点、すなわち〝集団的自衛権の行使を容認すると日本が戦争に巻き込まれる可能性がある〟という観点からみれば、食い違っている意見を述べているようにもみえる。ここから私たちは、彼・彼女たちがある種の〈ジレンマ〉を抱えていると理解することもできるだろう。

重要なことはこのように理解可能な記述の配置を通して、本記事が新聞報道として、どのような活動を成し遂げているのかという点である。再度記事全体のデザインに目を向けよう。本記事では記者による、靖国神社において「若者」が「目立つ」という認識のもと、合計三名の「若い参拝者」の発言が列挙されていた。この列挙という行為には注意が必要である。私たちは日常的に何らかの情報の列挙を行う時に、ただ情報の羅列を行っているだけとは限らない。本記事においては三名の「若者」の発言の列挙を通して、これまでみてきたようなインタビュイーの「共通性の産出」(「若者」という年齢集団によるグルーピング、「参拝」という行為の描写、知識の欠如の報告)のみならず、ある種の「多様性の担保」も行われていることがみて取れる。これは少なくとも次の二つのレベルで行われている。第一にインタビュイーの属性のレベルにおいては、性別（明示されていないが名前から「男性」と「女性」）、年齢（「二三」「三〇」「二二」歳）、職業（「アルバイト」「会社員」明示はされていないがおそらくは「主婦」）等で多様性の担保が達成されていること。第二に「参拝」の動機の記述のレベルにおいては、〝「参拝」することは当然〟や〝戦争について考えたい〟といった異なる理由が提示されていること。こうした記述の配置によって私たちは「若者」たちが決して明確に一様な特徴を持った集団とは限らないということが理解できるようになっているものと思われる。

さらに、先述したようなインタビュイーのある観点からすれば食い違っているようにもみえる意見を配置して記事を終了させるということは、もう一つ別の活動を行っているようにもみえる。データからは若干飛躍するが、記事内で何かしら記事としての統一的な意見を明示するのではなく、インタビュイーの意見を配置した状態で記事を終了させることは、読者に対して「それでは、あなたはどのように考えますか」という問いかけを行うことに結びついているように思われる。すなわち、本記事では、読者に対して明示的なメッセージが伝えられようとしているのではなく、読者の側にインタビュイーが抱えている問題に関心を抱かせ、その問題について考えさせ、何かしらの意見を持つことを喚起するような活動が行われているといえるのである。(7) このような記事を読むことを通して、私たちは彼・彼女らと同じように戦争や集団的自衛権について考えたり、靖国神社に「参拝」に来る「若者」が増えていることの「社会的な」意味について考えたりするかもしれない。

あるいは世の中にはこういう「若者」もいるのか、もしくは増えているのかと考え、すぐに他の記事を読むことに移るかもしれない。

以上のように、本記事ではインタビュイーの属性や「参拝」の動機の記述に加えて、戦争や集団的自衛権に対する必ずしも定まってはいない意見が配置されることにより、ニュースとしての「多様性の担保」や、読者に対して何らかの意見を持つことを喚起するような活動が行われていたといえる。重要なことは、本記事においては、こうした報道実践にある程度固有な活動もまた「若者」カテゴリーを通して達成されているとみなせる点にある。「若者」とはある観点からすれば「曖昧」で「強引」なカテゴリーではある。しかし、だからこそ、インタビュイーの属性のレベル、「参拝」動機の記述のレベル、戦争や集団的自衛権に対する意見のレベルにおいて、情報の偏りを防いでいるようにみせたり、読者に意見を喚起したりするような、一般的に新聞記事に求められるような活動を、一定程度達成することが可能になっていたのである。もしもインタビュイーを科学的に厳密に規定するようなカテゴリーが用いられていたならば、同じような報道実践を達成することは不可能であったかもしれない。本記事で行われていた報道実践は、「若者」カテゴリーが用いられているとはいえ、決して一部の「若者」を一般化するような実践ではない。そこで行われていたことは、報道という固有の活動に方向づけられた、極めて正当な社会的実践だったのである。

5　結語

通常、何らかの書かれたテクストを対象とした社会学的研究は――知識社会学であれ、言説分析であれ――多くの場合は、複数のテクストをリソースとして用いながら、時代の特徴や言説の規則性を記述していくのが一般的であろう。そのような研究の意義は疑うべくもないが、個別具体的なテクストが行っている実践の詳細は見過ごされてしまうように思われる。本章ではそれらとは異なる試みとして、個別のテクストが行っている活動とその方法の詳細を記述するという方針を採った。この僅か一本の新聞記事の中で、「若者」カテゴリーを使用した実にさまざまな技法が用いられながら、ニュースの報告という社会的実践が達成されていることが分かった。そこでは当然のことながら、「若者」の厳密な定義やサンプリングなどは行われておらず、科学的な実態把握の観点からすれば、「曖昧」で「強引」なカテゴリーの用いられ方がされていたようにも見える。しかしながら、むしろ「若者」カテゴリーを「曖昧」で「強引」に用いることを通して、ニュースとしての新奇性の産出や現象の理由説明、そしてインタビュイーの多様性の担保や読者への意見の喚起といったさまざまな報道としての活動が達成されていたのである。本章の冒頭で述べたように、「若者」が多様であることと同様に、若者言説もまた多様である。若者言説には今回の記事に限らず、それぞれに状況に埋め込まれた固有のリアリティーがある。本章が試みたことは、複数の若者言説を束ねて抽象的な理論や一般的な知見を導き出すのではなく、こうしたリアリティーを一つ一つ丹念に記述していくという極めて地道な作業の内の一つだったのである。

本書の主題である「若者の〈溶解〉」とされる問題意識を今一度確認するならば、「若者」カテゴリーを使用することの自明性への懐疑が、社会学者のみならず、世間一般のレベルにまで広がりつつある状況といえるだろう。二〇〇〇年代における若者論批判による「若者論は実証的ではない」という主張は、「若者」の実態を把握するという特殊な目的を持った活動、つまり社会科学的な実践の中ではじめて生じてくる理解の仕方といえる。若者論は一部の「若者」の特徴を一般化していわば「特異な若者」という一括化を、若者論批判も実証的なデータを用いてそれを反証し多様な若者像を提示するという、いわば「多様な若者」という一括化を行ってきたのである。しかしながら、双方とも、「若者」カテゴリーである輪郭を帯びた統一的な特徴を持った集団を作り上げようとしている点で、極めて類似したパースペクティブを持っていたといえるだろう。「若者の〈溶解〉」とされる事態は、「若者」カテゴリーでこうした〈統一体〉を作り上げることが困難になりつつある事態といえる。しかしながら、本章が明らかにしてきたように、「若者」カテゴリーは単に人々をグルーピングして一般化するだけではなく、実にさまざまな社会的実践を精巧に形作っている。そうであるならば、「若者」カテゴリーの失効を宣告する前にまずはこうしたさまざまな活動の固有の意味をそれぞれ丁寧に見ておくことは決して無駄なことではないだろう。それは若者論や若者論批判が「若者」カテゴリーを用いて行っていたことに限らない、「若者」カテゴリーを用いたさまざまな社会的実践を一つ一つ解明していく作業といえる。そしてこのような地道な作業は、本当に「若者」というカテゴリーが――社会のある領域において、もしくは社会の「全体」において――「溶解」してしまうかもしれないその時に、そうした事態が、単にある言葉が用いられなくなるというだけではなく、私たちの社会的経験や行為の在り方をどのように変えてしまう可能性があるのかについて考察していくための、一つの道筋を提供してくれるはずである。

［謝辞］
本稿は、初発の構想段階では小宮友根先生・鶴田幸恵先生・酒井泰斗先生をはじめとした社会言語研究会の皆さまから、分析段階では團康晃氏・岡澤康浩氏・河村賢氏・岡沢亮氏をはじめとした本郷概念分析研究会の皆さまから、完成段階では北田暁大先生・赤川学先生およびそれぞれの研究室の皆さまから有益なご助言をいただきました。また書籍への収録にあたっては、浅野智彦先生・川崎賢一先生・勁草書房の松野菜穂子様に大変お世話になりました。記して感謝申し上げます。なお、本稿は科学研究費補助金（特別研究員奨励費・課題番号 JP15J12666）の成果の一部です。

注
（1）本章では「カテゴリー」という言葉を、人々を何らかの地位（「若者」の場合は年齢の若さ）で特徴づけることという意味で用いている。この点については注（6）も参照されたい。
（2）こうしたアプローチは社会学におけるエスノメソドロジー研究（以下、ＥＭ研究）に示唆を受けている。ＥＭ研究とは、社会に生きる人々が、普段の生活や仕事を互いに理解可能なものとして成立させていくために実際に用いているさまざまな「方法（論）」を解明していくことを目的とした学問分野である。そして、そのような「人々の方法（論）」の解明は人々が実際に用いている概念の用法の分析を通して行われていく（西阪 2001）。ＥＭ研究の入門書としては、前田ほか（2007）、串田・好井編（2010）、Francis and Hester（2004=2014）などを参照されたい。また、本章が対象にしているような書かれたテクストなど、具体的な会話に留まらない多様な実践のＥＭ研究の成果として酒井ほか（2009）が挙げられる。

（3）本章と同様に新聞記事における「若者」カテゴリーの使用法を分析した研究として、小川（2014a, 2014b）、公刊はされていないが田中（2014）が挙げられる。田中（2014）は、朝日新聞の読者投稿論における「若者」を批判し問題化する言説を対象に、極めて緻密な概念分析を行っている。これに対して本章は必ずしも「若者」を明示的に批判しているようには見えない、日常的な報道言説における「若者」の概念分析の一つの試みである。

（4）この点について、小宮友根は「判決文を書く／読む」という実践の分析を通して、次のようにのべている。「すなわち、どのような記述を用いるのかという、文章を書く当事者にとっての選択問題がそこにはある。発話と同様、まさにそうした選択こそがその文章を実践的目的に照らして理解可能なものにする。またそれゆえそうした文章を「読む」実践にとっても、その文章で用いられている記述が選択されたものであること――「他ではなくこれ」という、ルーマン的な〈意味〉があること――の理解は決定的に重要な要素である」（小宮 2011：217）。

（5）同記事は、同じ社会面の「いま、さらけ出す戦争　69回目、終戦の日」の下部に配されており、「報道記事」というよりも「特集記事」として読むことも可能であるが、「社説」や「コラム」のように「意見」を述べた記事ではなく、「事実」を述べた記事であることが理解可能なように組み立てられている。そのため、ここでは「報道記事」として分析を行う。こうしたニュース・テクストの構成の特徴については、藤田（2000）を参照されたい。

（6）こうした問題関心は、ハーヴィ・サックスの「カテゴリー化」のアイディアに示唆を受けている（Sacks, 1972=1989）。小宮友根の整理に従えば、私たちはさまざまな社会関係の下で生活しているがゆえに、いかなる人も複数のカテゴリーによってカテゴリー化されることができる（「男性」「父親」「上司」など）。そうであるならば、ある人物の行為を説明する際に、どうしてある特定のカテゴリーを用いた説明が適切になるのか、ということが常に問えることになる（小宮 2007：100–107）。サックスはこうしたカテゴリー選択の適切性の問題を、社会成員が実際の行為をしたり、また他人の行為を理解したりする際に直面している課題と捉え、その解決のやり方を分析することを提案したのである。

（7）こうした手続きは新聞報道以外にもみられるものである。是永・酒井はテレビの情報ワイド番組のテクストの分析を通して、メディア・テクストがニュースに対する非難や評価を直接に行うことを避けて、それらのターンを視聴者のために確保することによって、ニュースとしての公的な立場を維持する活動の分析を行っている（是永・酒井 2007）。

文献

浅野智彦編（2006）『検証・若者の変貌――失われた10年の後に』勁草書房
古市憲寿（2011）『絶望の国の幸福な若者たち』講談社
Francis, D. and S. Hester（2004）*An Invitation to Ethnomethodology: Language, Society and Interaction*. London: Sage Publications.（=2014 中川伸俊・岡田光弘・是永論・小宮友根訳『エスノメソドロジーへの招待――言語・社会・相互行為』ナカニシヤ出版）
藤田真文（2000）「ニュースのテクスト」大石裕・藤田真文・岩田温『現代ニュース論』有斐閣

後藤和智（2008）『おまえが若者を語るな！』角川書店
小宮友根（2007）「規範があるとはどのようなことか」前田泰樹・水川喜文・岡田光弘編『ワードマップ　エスノメソドロジー――人々の実践から学ぶ』新曜社
小宮友根（2011）『実践の中のジェンダー――法システムの社会学的記述』新曜社
是永論・酒井信一郎（2007）「情報ワイド番組における『ニュース・ストーリー』の構成と理解の実践過程――ＢＳＥ問題における『リスク』を事例に」『マス・コミュニケーション研究』71, 107–128
串田秀也・好井裕明編（2010）『エスノメソドロジーを学ぶ人のために』世界思想社
Lee, J. (1984) "Innocent victims and evil-doers," *Women's Studies International Forum*, 7, 1, 69–73
前田泰樹・水川喜文・岡田光弘編（2007）『ワードマップ　エスノメソドロジー――人々の実践から学ぶ』新曜社
西阪仰（2001）『心と行為――エスノメソドロジーの視点』岩波書店
小川豊武（2014a）「戦後日本における「青年」「若者」カテゴリー化の実践――1950～60年代の新聞報道を事例として」『マス・コミュニケーション研究』84
小川豊武（2014b）「若者言説はいかにして可能になっているのか――心理学的知としての「セラトリアム」の概念分析」『年報社会学論集』27
大石裕（2000）「作られるニュース」大石裕・藤田真文・岩田温『現代ニュース論』有斐閣
Sacks, H. (1972) "An initial investigation of the usability of conversational data for doing sociology", David Sudnow, Ed., *Studies in Social Interaction*, The Free Press.（=1989 北澤裕・西阪仰訳「会話データの利用法」『日常性の解剖学』マルジュ社）
Schenkein, J. (1979), "The Radio Raiders Story", George Psathas, Ed., *Everyday Language: Studies in Ethnomethodology*, Irvington Pub.

酒井泰斗・浦野茂・前田泰樹・中村和生編（2009）『概念分析の社会学――社会的経験と人間の科学』ナカニシヤ出版
田中彰人（2014）『「若者」の概念分析――若者論とエスノメソドロジー接続の試み』東京学芸大学大学院教育学研究科平成二五年度修士学位論文

第四章　現代的イエ意識(1)と地方

羽渕一代

1　はじめに

二〇〇五年、「長男の妻は損だ」という意識が七割を占めており、長男を跡取りと位置づけ、特別な役割を担わせているということが調査より明らかになった、と読売新聞(2)で報じられた。この結果について、記事のトーンは、イエ制度の残存を嘆く論調であった。いっぽうでこの記事に対する識者のコメントは、戦前のイエ制度には養子縁組がよくあったということを論拠に、イエ制度はそれほどリジッドなものではなく、もともと臨機応変なものであるから、個々人が柔軟に対応せよ、というものでもあった。もし、この識者のいうようにイエ制度が柔軟なものであれば、この長男の妻たちの悩みはなぜ生じるのだろうか。個々人の思い込みを解こうという意図も識者にはあったに違いない。ただし、こうも考えられるだろう。現代の家族は、江戸時代や戦前までのイエ制度とは異なるありようを呈しており、それに伴い、イエ意識が薄まったわけではなく、現代版のイエ意識が存在しているのではないか、と。それから約一〇年後、東日本大震災の大惨事からの避難をめぐって、避難生活をすることで「長男の嫁」としての重荷から解放されており、地元に帰りたいと思わない女性の記事が、朝日新聞（宮城版）に報じられた。避難生活は不便なこともあるが、「長男の嫁」の役割よりは自由な生活だというのである。

これまで、日本の家族の特徴は、イエをめぐる家族制度にあると指摘されてきた。そして、このイエ意識は、封建遺制であると一般的には認識されており、戦後、薄れていったと認識されている。戦前や戦後直後の結婚は、イエを維持するための家族戦略であり、そのため、労働力の補充、イエの継承者の再生産を期待することが一般的であったといわれている。戦後、恋愛結婚の割合が徐々に増加し、見合い結婚よりも高くなり、現在では「結婚市場」という言葉まで定着してきた（筒井2010）。見合い結婚が一割以下となった現在、このイエを意識する若者はどの程度残っているのだろうか。概ね、家族戦略として、つまりイエのための結婚から個人のための結婚へと一般的には意識変容したことは確かである。そして、「イエを継ぐ」という意識についても、結婚の個人化とともに、過去の古いものとして社会学的に認識されてきたのではないだろうか。

イエをめぐる社会学的問題構制は、第二次世界大戦後の日本においてイエ制度が一掃された。少なくとも制度的には廃止されたという前提にたっている（千田 1999）。千田によれば、「家から家族へ」、もしくは「制度家族から友愛家族へ」（バージェスに依拠して）、「直系家族から核家族へ」（マードックに依拠して）、そして「家長的家族から近代家族へ」といった変動論は、戦前への反省を含んだ戦後日本の家族社会学の出発点であり、「家」概念は「近代家族」（当時においては、すなわち「family である『家族』」）概念との対比において、日本の家族社会学の中心にあったという。したがって、欧米の家族に対して日本のイエ、また欧米の家族は都市にみいだされるのに対し日本の家族は農村にみいだされるといった二項対立の中で理論化されたという（千田 1999: 92）。

この理論化の結果、日本の家族、つまりイエ制度は特殊な、そして前近代性を強調されることとなった。しかし、近代化が単線的な時間の流れではないのと同様に、このイエ意識も単純に近代化がすすめば、消失していくというものでもないのではないだろうか。過去のイエ意識とは異なるにしろ、イエ意識と類似する家族集団を支えるメンタリティも存在するのではないだろうか。それは、過去のそれとは異なるものであったとしても、イエ意識という基層に積み重ねられた家族を中心とした集団意識であり、現代的なイエ意識とでも呼びうるものがある可能性を指示することが本章での目的である。

2　イエとは

家族社会学では、イエをめぐって、経営組織を主とするものと、系譜関係に重点をおいた二つのアプローチがある。

経営組織に重点をおいたアプローチは、有賀喜左衛門（1943）の『日本家族制度と小作制度』に端を発している。イエを社会関係、機能的連帯によって定義する場合、イエの構成員であるかどうかを決定するのは、集団生活の維持について、機能を共有しているかどうかである。宗教的、経済的、法律的、道徳的、芸術的な社会関係の有無が、イエの構成メンバーかどうかを操作的に分析するうえで考慮されることが多い。宗教的には、家の神の祭祀に共同するかどうか、経済的には、一定の戸籍法によって、限界や成員が決定され、それに伴う身分法が成立しているかどうか、道徳的には、家を維持する道徳規定が成立しているかどうか、芸術的には、住居―家屋を通しての居住形式の有無である。

この経営組織に重点をおいたアプローチの場合、非血縁という関係であっても、上記の要件を満たしていれば、イエの構成員として認識されうる。ただし、このアプローチにおいても、系譜関係が完全に無視されることはない。単に機能的連帯しているだけでは、イエとはいえず、その連帯の中核において、系譜の連続性の必要性を確認している。

いっぽう、系譜関係を重視するアプローチにおいては、喜多野清一（1976）が系譜関係を「本家と分家が各自の出自に関して、本幹と分岐の関係にあることを認めあうことによって成立する」と述べている。彼の場合、非血縁関係もイエに含まれることを認めていたが、血縁成員と非血縁成員とのあいだには、その組み込まれ方に差異があり、血縁成員は、他出しない限り、自動的に系譜を共有することであり、系譜の共有は、事実上、血縁の共有と独立ではなかったとしている。

また、この系譜関係を重視するアプローチの中には、制度慣行において観察される「家の精神」によって、イエ意識が支えられていると考える立場もある。ただし、この立場においては、イエの成員は、「家の精神」を共有する者、「封鎖的な体験共同の世界」の中にいる者とされており、生活上の機能を担っていても、この「家の精神」を共有していなければ、イエの成員とは見なさないとしている（鈴木 1968）。ただし、血縁か非血縁かは問わない。

このように、日本のイエは、系譜関係もしくは経営組織を両輪として維持されていた。そして、後に「『家』（制度）とは、家長の統率のもとに、家産にもとづいて家業を経営し、非血縁者をあととり養子にしてでも、先祖から子孫へと、世代を超えて家系が存続繁栄することに重点をおく制度である。」（森岡 1987：16）との認識が家族社会学において定着する。

3　イエ意識の希薄化論

第二次世界大戦後、家業、自営業世帯の減少、異種就労といった理由により、イエの物的基盤が解体していき、世代を超えて継承されるべきであるというイエ意識が希薄化したといわれている（森岡 1984）。この「直系家族から夫婦家族へ」という日本家族の構造転換を主張する議論は、森岡清美（1993）の『現代家族変動論』に代表される。いっぽうで、原田尚（1987）のように一時別居型の擬制的な核家族化を指摘する研究や、加藤彰彦（2005）のように、子の親との同別居に関して結婚時に働く限定的な効果であることを指摘したうえで、単世帯制をとる東北日本型家族と複世帯制をとる西南日本型家族の分布を示し、とくに複世帯制をとる地域における親との同居実現率から修正直系家族制を論証し、森岡の議論に異を唱えている研究もある。ここで実証されたことは、子と親との同別居の形態であり、意識を扱ったものではない。この形態を支える精神性については、言及されていない。

以上から、ここではさしあたり、単世帯制をとるといわれる東北日本型家族に位置づけられる津軽の若者のイエ意識を明らかにしていこう。本章では、同別居の形態について、着目しない。これまで、著者がおこなったさまざまな聞き取りにおいて、同別居について尋ねているが、同別居の形態そのものには、イエの精神性を意味づける語りはみられなかったからである。本データの性質上、家産の継承、もしくは親の職業と子の職業との関連に焦点を当てることで、イエの連続性、もしくは家系の繁栄といった意識をめぐる語りの分析が可能だと思われる。

そして、ここではイエ意識の希薄化やイエ制度の衰退といった文脈ではなく、若者がイエをどのように捉えているのか、という質的な面について意識の多様性を扱ってみたい。

4　調査方法

本調査は、青森県を対象として、二〇〇〇年代以降断続的に調査を行なっている。第一の調査対象は、農業従事者である。農地や農業をおこなううえでの家産、設備など投資をもとに生活経営している人々である。第二は、農業・漁業以外の自営業従事者である。第三は、漁業従事者である。多くの場合、漁業組合の会員として漁業権を所有し、漁具や船などを所有している漁師である。そして、第四は、「公務員・会社員」という給与所得者であり、家産をもとに生活経営をおこなっていないというカテゴリである。

この調査においては、必ずしも「イエ意識」の探究を目的としていないデータも多分に取り扱っている。一五年間行なってきた弘前大学の学生に対する社会調査の指導、卒業研究の指導において訪れた、弘前市、つがる市、黒石市、深浦町、大間町、佐井村、風間浦村などで収集した断片的なデータを分析している。したがって、著者一人でインタビューしたもの、学生とともに行なったもの、同僚とともに行なったもの、学生アルバイトを雇い、著者の代わりにインタビューを行なってもらったもの、また、調査目的ではない、学生の社会調査実習などでお世話になった方々との宴席における話題なども使用している。

対象者については、一八歳以降から二九歳までを扱っている。イエ意識という摑みどころのない対象を扱うため、インフォマントの親の職業を事後的に三つにカテゴリ分けを行ない、それぞれのカテゴリの傾向についてKJ法にて分類し、分析を進めた。

本データは、ある意味で動機の語彙のような側面を含んでいる。職業選択のありかたや親の財産を継ぐかどうかといった意志決定に関わる行動は、人生の重要な決定の一つであり、選択後について幾分か認知的不協和を免れないからである。ただし、選択について未決定な状況にあるインフォマントのデータも扱っているところから、ある程度、青森県の地域的な社会特性に規定されたなかで若者がイエをどのように意識しているのかが伺える。特に家業があるかどうか、親に財産があるかどうか、という観点から分類し、その家業の特性や財産の特性に注目し、若者たちがイエに関わる意識をどのように言明するのかについて分析してみるというやり方はそれぞれの家族状況に規定される意識を測定する面白い手法ではないかと考えられる。

5　農家に生まれるということ――手伝うことと社会関係における周囲の認知

ここで親が農家を営む事例を紹介する。まず、確認しておかなければならないことは、農業という仕事は苦労が多く、非常に「きつい仕事」であり、収入も多くは見込めず、不安定なため、継嗣問題が深刻化しているということである。そのうえで、本節のインタビューを理解する必要がある。

インタビュー総数の五事例のうち、女性インフォマントのKさんと、男性インフォマントのIさん、この二事例の特徴は、将来的に農業を継ぐことを明確に決めているという点である。残りの三事例は、家業を継ぐかどうかという点を保留している、もしくはネガティブな意識をもっている。五事例のうち、四事例の親の生業は、りんごの専業農家である。ここで紹介しないデータを含めて五事例とも、広大な農地を有している。もっとも狭い農地で一・六ヘクタールであり、もっとも広い農地を持つ事例で五ヘクタールであった。また、男性Iさんは一八歳の時に、実母の兄夫婦の養子となっている。養子にいった先は、りんご農家であるが、実親の生業は米作である。そして、この農業に関わるインフォマント全員が長子である。

ここで語ってくれたインフォマントには、農業を手伝うという経験が多かれ少なかれある。さらに、農家を継ぐことに決めているKさんは以下のように語る。

もう、なんか「継ぎます」とか、「私継ぐから」とかって全然いってない、いってない、いってないけど、多分親戚中、多分もう、認識されてる、手伝うってことは、家さいるんだろうなってみんな思ってるから。なんか昔からちっちゃい頃から、親とかは別にいわないけど、ちっちゃい頃から、結局、ここにいるようななんていうかな、家に残る人みたいな感じで、思われてたし、いわれてたから、別になんとも思わない。継ぐ、直接的にはいわないけども、そういう雰囲気になってるから、ふ～んって感じ。

ここで、重要なことは、Kさんが周囲に対して、「家を継ぐ」と言明したことはないという点にある。しかし、「手伝う」という行動から、周囲の人々、親戚や同じ町内の人々がKさんを跡継ぎと認識しているということを語っている。そして、それに対する評価もKさん自身に自覚されることなく、日常的な農作業をおこなっている。

多分これに弟とかいたら、そっちにいくんだろうけど、結局二人しかいないから、ず～っとそう思われてたから、だから結局なんだろう、下湯口の町内の人間の人も、こっちの人って、長女でもなんでも、一番上がアニって呼ばれて、あめ、アニだべよって、アニだべよって言われるから、そういうもんだ、いるだろうって思ってる、みんな、だから、こっちの人、だから手伝った時に、ここの町内の人も、みんな、あ～、継ぐんだ～みたいな、そんな感じ。全体、とりまくもの全体がそうだから、別に親戚だけじゃないし、なんだろう、町内だったりとか、そういう雰囲気じゃないけど、結局実際みんな、長男とか長女とか、長女ではそんなないけど、周りがみんな手伝って、上の世代、もうちょっと上の人たちが手伝ったりとかしてるから、別にいっか～っみたいな、やってるのもいだし。

いっぽうで、兼業をおこなっているIさんも、同様に、手伝うことで、周囲の非言語的な了解がとりつけられ、継ぐのだろうという予測をするようである。Iさんは、精密機器製造会社で働きながら、実家のりんご農家を手伝っている。会社に長く勤めたいという意識を持ちつつも、実家のリンゴ栽培を本格的にやらなければならないのではないかとも考え、気持ちが揺れている。ただ、家族とは、りんご農家を継ぐということを本格的に話しあったことはない。

兼業のため、日曜日などの休口が作業日となってしまい、まったく休日が取れない状況が秋の農繁期には続くが、彼はそのことを苦にしていないという。また継ぐ理由についても、周囲の状況にそのような雰囲気があるということを持ち出す。

結局、（自分の）父親の友達たちも、大体僕と同じくらいの子どもたちがいるから、わりとそういう話になるんじゃないの、うちの家では、だからあの、けっこう消防なんかに入ってさ、同じぐらいの人いるんですよ、大体、そういう話したりするのよ、やるんですか？　みたいな感じで、大体、九割九分後は「継ぐ」っていっているし。

Iさんの場合、I家の養子になったということが、彼のライフイベントにおいて重要な契機であったことは確かであろう。彼は、養子に入った地区の消防団に両親の勧めに応じて入団している。この地区の消防団は、飲み会が多く、彼と彼の親の世代の二世代で形成しており、その多くがりんご農家だという。消防団という社会関係を媒介にすることも、I家の跡取りとしての役割を獲得する手段として考えられる。農業を手伝うこと、そしてその社会関係の中で生活をすることが継嗣としての役割を意識する直接の要因だと考えられる。

ここで紹介しなかった農業を継ぐかどうかという決定を保留、もしくは継がないと決めているインフォマントのうち二事例は、この手伝い経験はあるが、さまざまな理由で（その多くは経済的理由で）、「継がない方がいい」という周囲の雰囲気があり、農業ではない仕事をおこなっていた。また、父親が出稼ぎにでており、母親が看護師という、もう一つの事例においては、彼らがすでに親戚に米作の代行を頼んでおり、この女性インフォマントはほとんど手伝うことはないと語っていた。

農業を日常的に手伝い、地縁、血縁といった社会関係の中で非言語的に継嗣として認知されている場合、継嗣としての役割獲得をおこないやすいという仮説が可能ではないだろうか。したがって、イエという抽象的な家系、連続性という観念を意識するというよりも、よりパフォーマティブに家産の継承がおこなわれている。物的基盤を持ち、さらにフィジカルに重労働である農業の性質上、抽象的なイエという観念よりも、実際的な労働そのものの経験とその経験に基づいた社会関係のもつ力によって、家業継承という選択があるのだ。

後継ぎ問題や後継ぎの結婚問題について、基本的な認識は次のようなものである。まず、もっとも重要なことは、農業は楽ではない仕事であるということだ。そして、経済的にもそれほど稼げる仕事ではない、という認識を青森県の人々が持っているということは重要な点である。本章のKさんは後継ぎとして認識され、社会関係の中でその役割が強化されていっている点を語っているが、「農家の娘は農家に嫁がない」という話はあちらこちらで聞く。母親が農家で苦労してきたから、娘にはそのような苦労をさせたくない、という意識が働くのだという。反対にKさんのような女性が家業を継ぐ場合、結婚における婿養子問題がある。婿養子に来てもらう時、その候補者が会社員など農業者ではない場合、「イエの仕事は手伝わなくていい」という話を多くの農家がする。しかし、休日に家族総出で働いているところ、婿だけ遊びに行くことは家族関係において難しい。たとえ、休日にイエの仕事を手伝わないことができたとしても、その後の家族関係に問題が起こってしまうという。娘が継ぐにしろ、息子が継ぐにしろ、どちらにしても、農業者の結婚は難しいという。また、農薬や農機などにお金をかけても、それを上回る収入が得られないことから、「継がなくていい」と親が子どもにいうのだ、と。

このような困難の中で、農業をイエの家業として継ごうとする場合、その農家をとりまく社会関係や経済的な成功などが重要な役割を占めており、農業の近代化以降、この社会関係が変質することによって、さらにイエの家業としての農業の継承は難しくなってきたと理解できるだろう。

6　家業の歴史を評価するということ

次に、自営業の親を持つインフォマントには、前節と同様の傾向がみられるのだろうか。ここで紹介する親の職業が自営業である事例は、すべて長子で男性である。知人の紹介、もしくは弘前商工会議所青年部を通じてインフォマントを探したが、女性のデータがとれなかった。その理由としては、商工会の青年部の構成員の多くが男性であったということも挙げられる。六事例のうち、四事例が家業に従事していた。

ここでは、酒造業が家業であるTさんを中心に事例を紹介していこう。

6-1　親との関係

酒造業の四代目を継ぐように親から希望されているTさんは、家業を手伝っているが、「向いていない」と語り、歴史のある会社なので、跡取りは自分しかいないので、継がなければいけないという責任から仕方がなく家業を手伝っている。Tさんは、もともと東京の会社に勤めており、弘前に帰りたくない、家業を継ぎたくない、という気持ちが強かった。父親に電話で「帰ってこい」といわれ、仕方なく会社を辞めたという経緯がある。父親が高齢になり、仕事が辛そうだったことと家業が「古文書にも出てくるような」歴史がある会社であったことが理由であった。仕事を手伝っている現在でも、できれば「継ぎたくない」という。

「継ぎたくない」という気持ちをもったまま、家業を手伝うTさんは、まず親が高齢であることを理由に「継ぎたくないがやるしかない」と語るが、お酒を造ること自体も否定的に語る。

造りたくない、かかわってもいいけども、造りたくない。責任感がない。この酒、誰造ったのって、俺、そうなっちゃうじゃん？　だってどこ行ってもいわれるんだもん。お酒の話。

自営業を手伝いつつも、迷っている理由は一つではない。ただ、手伝っている事実は、親を思いやっている様子がうかがえる。実際に、この事例以外に二事例、親との関係の中で家業に従事しているインフォマントがいる。たとえば、「両親の夫婦仲があまり芳しくなく、その関係をとりもつ役割を自身が担うために家業に従事しておかなければならない」と語るインフォマント（電気工事関係の会社経営）や「医者の息子が医者になるように、洗脳だよ。それでいいと思ったたっていうか、結局なんだろうな、ちっちゃい頃から俺もそうなるんじゃないかって、ボンヤリ描いている部分もあるから、それってそう簡単に消せないんじゃないかな」と家庭環境が方向づけるものだと意味づけるインフォマント（税理士資格浪人）がいた。

6－2　歴史があるということ

Tさんの場合、親の期待以外に、重要だと語るポイントとして、家業の歴史があった。

まぁ、僕、T酒造っていう会社は、たぶん、どっかで生き残ると思うんですよ。うちの会社自体がなくなったとしても、どっかで多分生き残ると思うんですよ。潰れたら潰れたで終わりっていう会社じゃないのね、うちの会社は。結局、昔からあそこの場所っていうのは、三〇〇年も前からあるから、下手なことは出来ないよね、敷地をさらっとしてさ、高層マンション、マンション、アパート建ててって。嫌だね〜、ちょっとここ全部壊して、ちょっとだけ新しくしようよっていってもだめ、だめらしい。僕も不思議。

いっぽうで、同じ四代目でも歴史を肯定的に語るインフォマントもいる。建築業を営むMさんは次のように語る。

結構ね、嬉しいのがね、私知らないけど、あ、いろんなお客さんに会うんだけど、Mさんとこ昔っからで、おじいちゃんも亡くなっているんだけど、おじいちゃんの話するお客さんいるのね。うちの職人でね。中卒で、それこそ、おじいちゃんの弟子で、おじいちゃん職人だったの。昔はね、その弟子にはいって、今は六一、二になってる。結局、三代使われた人間なんですよ。で、お客さんにも、Mさんてば、あのZっていうんだけど、Zさんの孫さんさだるんだがって、そういう会話になるんですよね。昔から仕事してってしゃべられるのが、嬉しいよね。まぁ、残したいなって、昔、昔からけっこう、そういう仕事してきたんだなって。

このように、家業に従事する理由づけの一つは、親の希望や親を思いやってという語りにあらわれる。また、歴史があるということが、家業が残るという信念、もしくは残したいという希望に直結しているようである。家業に従事していない二事例については、親自身が「継がさない」と明言していたり、親がまだ若く、祖父母が社長、副社長という役職についており、親自体がいまだ自営業の実権を握っていなかったりといった状況であった。家業の歴史に自身が連なるかどうか、という問題は、まずは親との関係のなかで決定される。そして、その継続（再生産）については、家業の歴史をどのように評価するのかということとその家業の持続可能性と関わっている。

7　漁師ほど面白いものはないが……

青森県の漁村において、漁師を家業とする六〇代や七〇代の人々に対して、後継者についてたずねると、多くの場合、「うちは継ぐ必要ないから早く家から出ていけといったんだ」という回答が得られる。理由は一つである。彼らが一〇代、二〇代の頃と比較して、経済的な儲けが極端に低下してしまったからである。これまで調査をおこなった六〇代以上の対象者のうち八割から九割が義務教育しか受けていない。場合によっては、小学生のうちから、漁業手伝いをおこなっていたために、ほとんど学校教育らしいものを受けた経験がない人々も少なくない。

彼らからは、昔行なった大豪遊の物語が多く語られることが多かった。景気がいかに良かったか、勉強するくらいなら、早く海に出て、仕事を覚えたほうが経済的に成功するのだという語りが、高齢の漁師においては一般的である。しかし、現在では、親が漁師である若者で漁業を継ごう、もしくは継いだという話は、二〇〇九年から二〇一五年の間の断続的な調査において、一事例しかなかった（作道・羽渕編 2013）。

漁業に従事していない若者に、漁業について尋ねてみると、おおよそ二通りの答えが返ってくる。一つは、「魚捕るのは面白い、こんなに楽しい仕事はないのではないか。お金になるんだったら、漁師でよかった」というものと「自分はだめです。船酔いするし、あんまり好きじゃない」というものである。

下北半島にある高校の進路指導の教員に進路相談について、毎年、インタビューを行なっているが、漁師になるという選択は現実的ではないという。もし、学生が漁師になりたい、といった場合、水産系の大学に進学させたり、専門学校へと進学させたりすることで、自営の漁業を進めることはない。いいかえれば、給料をもらえるような漁業を勧めているようである。

この事例のLさんは、小学生のころから父や祖父の仕事をみていたため漁師に強い憧れを持っていた。それにもかかわらず両親と先生に反対されたため、中学卒業時と高校卒業時の二度、漁師になることを諦めていた。漁業を継承した、という情報は一事例のみであったうえ、この事例においては、漁業をやりたい、という強い個人的な希望に基づいて、継承が可能になったというものである。ここからは、漁村の社会関係の中に、漁師へと方向づけない強い力があることがわかる。経済的な問題から、その家業の継続断念という判断が、全体としての傾向をもたらしている。

8　家産の継承ではない連続性

8－1　公務員を継ぐ？

最後に、イエの財産を基盤にしない職業の親を持つ子どもに焦点を当てる。採取された七事例のうち、親の職業が公務員は五事例である。そのうちの三人のインフォマントが公務員になりたいという希望を持っていた。

Cさんは、地元の国立大学に進学した理由として、将来の職業として公務員を希望しているということがあった。また、公務員の中でも地方自治体勤務を目指している。しかし、試験に失敗し、公務員浪人をしている。

（市役所勤務したい理由は）やっぱり、地元が好きっていうのは、当然なんですけど、一番大きいのは、ずっと小さい頃から父をみてきて、やっぱりこう、何ていうんですかね、自分もこう、同じことをして、父を超えたいとか、なんか、そういう憧れみたいなのもあるんですよ。まぁ、自分の父親がサラリーマンなんで、家業を継ぐとかそういうのはできないじゃないですか、でもこう、個人的にはなんかこう、（仕事を）継ぎたいっていうか、そういう気持ちがあるんですよ。

そして、このような意識形成には、やはり家の歴史に対する認識が関わっている。祖父が県庁職員、父親が市役所職員だったことが、インフォマントにとっての誇りであり、本人自身もそれが公務員になりたい動機となっているというのである。

けっこうあの、自分信心深いんですよ、例えば、亡くなったご先祖の、とか、やっぱりその、おじいさんの話とか聞いて、じいさんもそういう（公務員の）仕事したんだ～とか、そういう話聞いて、じゃ、おじいさんもそういうのやってて、父もそういうのやってて、じゃあ自分もそうなってみようって、なんか思ったんですよね、ま、もちろんその、小さい時から父をみてきたっていうのもあるんですけど。

この事例は、再生産研究に絡めて理解するとそれほど面白い事例とは読めないかもしれない。教師の子どもが教師に、弁護士の子どもが法曹界に、ブルーワーカーの子どもはブルーワークにつくといった文化資本に関わる再生産の傾向は、近年、強化されているのかもしれない。しかし、この職業に関わる再生産について、意識という点を検証した際に、「イエを継ぐ」という意識と関わり職業選択をおこなっていることは、これまで指摘されたことはなかったのではないだろうか。本事例は青森県という本州最北端の地域で採取されたものであるが、首都圏などの都会においても同様の意識がありそうだという仮説は導出できよう。

ただし、ここで留意しておかなくてはならないのは、彼らのいう「公務員」は国家公務員ではなく、地方公務員だという点にポイントがあるかもしれない。地域限定的な仕事であり、転勤の心配はそれほどない。彼らのイメージする社会の範囲が、青森県の一地域であるならば、そこには、その地域社会の社会関係を引き継いでいこうという農家の若者たちと同型の意識をみてとることができる。

8-2 親のケア=家を継ぐこと

客観的にいえば、継いでいるわけではないのだが、それでも「公務員を継ぐ」というような意識があるいっぽうで、家を継ぐということは、職業と関係がないと考える若者がいる。父親が看護師であり、母親が縫製工場勤務であるフリーターのAさんは、就職してしまえば、何もできないと語り、今のうちにやりたいことをしたいと語る。彼は、中学卒業時点で、高校を卒業したら、フリーターになると親に告げており、趣味の音楽にプライオリティをおいた生活を送っている。

しかし、現在、正規雇用されたいという希望は持っている。ただし、その希望も趣味生活も同時に成立させられることが条件である。また、仕事の内容についても「流れ作業とかは嫌～。これやってみたいという仕事だったらベストですけど。」と語り、明確に職種を意識しているわけではない。

音楽関係で何かしたいというのは、プロになるとか、運営とか、CD売るとかいろいろ種類ありますが、そこまでは絞っていないです。淡々と仕事しても面白くないと思うんで、楽しみながら仕事が出来れば、と誰しも思っているると思う。年をとれば、選択肢は限られてくるから。今のうちにしかできないことをやっておこうと思う。後からやれば何でも制約がつくじゃないですか。結婚というのもあるし、子どももいたり、今は親も元気だし、今のうちにやれることはやっておきたいな～と。それからでも、親にお金あげたりして食わせて～、最終的に年金生活になるし。長男だし。

Aさんは、自身の職業生活への心配をすることもなく、将来的には、長男だから家を継ぐという意識をもっている。そして、その「家を継ぐ」ということの実際的な内容は、親の世話だということが語りから伺える。

このように、公務員・会社員といった職業の親を持つインフォマントの語りから、家産の継承ではない「イエを継ぐ」という意識があることが確認された。世襲ではない職業である公務員、「世話をすること＝イエを継ぐこと」ではないことは確かであるが、こういった意識が、連続したイエの意識ではない、と断定することもできないだろう。ここには、家産に仮託されない家系の連なりを見いだすことが出来る。

9 おわりに

ここまで、青森県在住の現代若者のイエ意識をめぐって職業選択を中心にデータの紹介を行なってきた。親の職業によって、そして、その職業が家業を基盤とした職業かどうかという点において、子どものイエ意識のありようが異なることが確認された。まず、農業従事者の場合、継ぐかどうかということを言明することはなく、労働を供出するかどうかという実際的な行動が判断基準となっており、農作業の遂行によって継嗣としてのポジション、そして役割を獲得していくようである。

自営業では、職業の継続性を中心とした「イエの歴史」という観念が言語化されたうえで、日常的に言明される。こういった言語的行為によって、家系の連続性を意識するという特徴がみられるだろう。そして、公務員においてすら、この言語化することによって、イエ意識と呼んでも遜色のないような家系の連続性の意識があることがわかった。また、会社員を親に持つAさんのデータからは、若者の「イエを継ぐ」という行為の実質的な内容が、親の世話をするという点にあることがわかった。自営業に関わるデータからも、加齢に伴う親の状況を配慮して「家に帰る」という人生選択をおこなっている。

現在、青森県において一次産業従事者が一割未満であることから、職業基盤となるようなイエの財産を有している世帯は多くはないだろう。家系の連続性という観念を仮託されるはずのイエの財産をもたないことから、「イエを継ぐ」という意識は希薄化したといわれてきた側面も指摘できる。しかし、青森県の若者の多くは、親との関係のなかで、「継ぐ」という意識を確固としているのではないだろうか。そして、それは青森県のみならず、首都圏などの都会においても、そのような意識が醸成されているかもしれない。なぜなら、人口移動に関しては、中村（1999）が指摘する通り、東京への流入は一九五〇年代をピークに低下しており、一九五〇年代や六〇年代に移住した人々の子どもたちが東京にとどまっていることを鑑みるならば、親との関係、とくに高齢期の親のケアを意識する中で「イエを継ぐ」という意識を持ち始めていてもおかしくはないからである。旧来的なイエ意識とは全く異なるものであったとしても、親子の関係を家系の連続性として意識しているのだろう。

注

（1）二〇〇六年に執筆した「津軽における現代の若者のイエ意識」『津軽の人生――「津軽地域におけるライフステージの変容」報告書（平成一五・一六・一七年度弘前大学学長指定重点研究実績報告書）』（津軽の人生研究会）を大幅に修正したものである。

（2）二〇〇五年五月二五日朝刊

（3）酒造そのものは、一六〇〇年代後半にはじまった、とされている。会社組織としては、四代の家族経営となる。

文献

有賀喜左衛門（1966）『有賀喜左衛門著作集Ⅰ・Ⅱ』未来社
原田尚（1987）「家族形態の変動」望月嵩ほか編『日本社会学4――現代家族』東京大学出版会
作道信介・羽渕一代編（2013）『漁師にならない若者たち――大間高校卒業生の進路選択に関するインタビュー調査より』（社会調査実習報告書）弘前大学人文学部社会行動コース（私家版）
岩澤美帆（2010）「職縁結婚の盛衰からみる良縁追求の隘路」佐藤博樹・永井暁子・三輪哲編『結婚の壁――非婚・晩婚の構造』勁草書房
森岡清美（1987）『新しい家族社会学』培風館
森岡清美（1984）『家の変貌と先祖の祭』日本基督教団出版会
加藤彰彦（2005）「『直系家族制』から『夫婦家族制』へは本当か」熊谷苑子・大久保孝治編、『コーホート比較による戦後日本の家族変動の研究』（第二次報告書）日本家族社会学会全国家族調査（NFRJ）委員会
喜多野清一（1976）『家と同族の基礎理論』未来社

鈴木栄太郎（1968）『鈴木栄太郎著作集Ⅲ』未来社
佐藤結香（2004）「若者の『イエ』意識――弘前在住の若者へのインタビューから」弘前大学人文学部情報メディア論研究室『文化社会学研究1』（私家版）
筒井淳也（2010）「結婚についての意識のズレと誤解」佐藤博樹・永井暁子・三輪哲編『結婚の壁――非婚・晩婚の構造』勁草書房
中村牧子（1999）『人の移動と近代化――「日本社会」を読み換える』有信堂

第五章　近代的「恋愛」再考

――『女学雑誌』における「肉体」の二重性

木村絵里子

1　はじめに

ここ最近のメディアの「若者」の語られ方において、「恋愛意識・行動の消極化」は、その典型だといえる。時代や社会によって、恋愛をめぐる型や価値観が多様な変化をみせてきたように、この消極化もそうした変化の様相の一端を示しているのだろう。ただし、恋愛意識・行動の消極化とは、「若者」という層の全域はもちろん、性別や特定の階層という何らかの区切りを用いてそのまとまりを確認できる類のものではなく、社会において局所的にみられる事象となっている。

そこで本章は、このような現在の状況を対象化するために、着目する観点の抽象度を上げ、この「恋愛」という言葉がいったい何を意味しているのかを問うことにしたい。すなわち、人は、おおよそ十代もしくは二〇代において、（多くの場合）特定の異性にひきつけられ恋愛感情を抱くといえるが、そもそもそれがどのような想いであるのかということを考察してみたいのである。

あまりに自明な問いだと思われるかもしれない。しかし、明治期に視点を移してみると、その自明性は容易にゆらいでくる。というのも、この「恋愛」という言葉がLoveの翻訳語として新しく導入されたのは、一八七〇年代のことであり、きわめて歴史の浅いものであるからだ[1]（今崎 1965: 柳父 1982）。近年では、現在の我々が用いている「恋愛」という言葉の起源をこの翻訳語が成立した時期にみており、同時に西洋からLoveの観念自体も輸入されたというのが定説となっている。例えば佐伯順子（1998）は、西洋由来の「恋愛」と、それ以前から存在していた男女の好意を表現する「色」とを対置させる。為永春水『春色梅児誉美』や柳沢淇園『ひとりね』などで描かれる「色」とは、『徒然草』の「色好み」を継承しており、それは単なる肉欲ではなく「物の哀れ」や人間の感情の機微を知るための人生における重要な契機であり、書画、香、花、茶という風雅の道と同列に論じられるものであった（佐伯 1998: 30-31）。だが、それは徐々に西洋キリスト教の思想に密接する対等な男女関係と一夫一婦制を中心に据える「愛」や「恋愛」の観念に代わられていく。この「色」から「愛（恋愛）」への移行は、肉体と精神、外面と内面を分節化し、後者を前者よりも高尚なものとみなす思考に基づいており、「色」の世界における「芸娼妓」を「歌舞の菩薩」ではなく「醜業婦」とみる社会の視線の変化が生じたという（佐伯 1998: 345）。つまり、このときに論じられた「恋愛」の観念は、性的要素を禁圧した高度に精神化されたものであったのである。では、現在の我々が用いている「恋愛」と、この明治期における「恋愛」が同じものであるとみることは、可能だろうか。その答えは、おそらく否、である。[2]

他方で、上記のように「色」から「愛（恋愛）」へという移行が単線的なプロセスで描かれる時、以下のような二つの疑問を抱かざるをえない。第一に、「恋愛」に該当する感情がそれ以前に本当に存在しなかったのかということであり、第二に、「恋愛」という新しい言葉の誕生以降、「肉体関係」を含む関係性に伴う感情が、どのような言葉によって表現されたのかということである。

一つ目の問いに関しては、すでにいくつかの先行研究において指摘がなされている。菅野聡美（2001）は、「恋愛」に近似する強い情動を示す例として、芝居や浄瑠璃で描かれた「心中」を挙げる。心中は、現世ではかなわぬ二人の関係を成就させる、あるいは現実の苦しみから抜け出すために行われるが、それを題材にした芝居や浄瑠璃が人気を博したのは、命がけの恋に感動する心情を多くの人がもちあわせていたことを示すという（菅野 2001: 34-35）。心中のヒロインとして描かれたのは主に遊廓の女郎であったものの、ただしそれは通常の女郎と客との関係における交情とははっきりと区別される例外的事象であった。なるほど死にいたるほど「惚れる」という強い想いを単なる「性欲」、「劣情」であるとみなすことはできない。しかし、やはりそれを「恋愛」と呼べるかどうかについては留保を要する。先に挙げた定説に従い、「恋愛」の観念も同時に輸入されたとするならば、西洋（とりわけキリスト教文化）において苦しみの末に自ら死を選ぶことはタブーであり、ましてや恋に落ちた二人がともに死すなどということはとても理解の及ぶものではない。心中とは、やはり「恋」という日本独自の美学に根ざしたものであるのだろう。ただし、明治期以降も、「心中」は「情死」と言葉を代えながら、男女関係のある種の結末として存在していたのであり、いわば「恋愛」の「ヨーロッパ的変種」（Henriques 1959=1963：56）の、さらにその後の変容を示唆し得る。

そして二つ目の、「恋愛」という言葉が生まれた後、肉体関係を含む関係性に伴う感情がどのような言葉によって表現されたのかという問いこそ、本章で主題として取り上げていくものになる。当時の「恋愛」において肉体関係よりも精神的関係を重視しようとする試み、一例を挙げれば後述する北村透谷による「純潔」を重視する主張に対しては当然反発があったものと思われるのだが、それらに焦点を当てている研究は少ないのである。またこの問いは、「色」や「恋」の対象であった芸妓や娼妓という、いわゆる「玄人女性」に対する感情がどのように表現されたのかということとも関わっている。近代化の過程において用いられた「文明／野蛮」という二項対立図式によって、それ以前の「色」の文化を「卑しい」伝統として位置づけ、「芸娼妓」に対する蔑視が生まれたのであり、この図式がある程度リアリティを持ち得たことも確かだ。しかし、一八七二（明治五）年に「芸娼妓解放令」が発布された後も、その実際的な効力はほとんどなく、なおも芸妓や娼妓と呼ばれる職業に就く女性の数、遊客、消費金額は増え続けていたのであり（藤目 1997：96）、精神的な関係を賞揚する「愛」または「恋愛」によって「色」という観念が駆逐されたとはいえ、（芸妓はともかく）娼妓との関係において肉体関係が消失したというわけでは当然ないのであろう。つまり、「色」から「愛（恋愛）」への移行という直線的なプロセスにおいては、その対象も「玄人女性」からそれ以外の「一般の女性」へと移っているのであり、ここからは、それ以前に確かに存在していた「玄人女性」に対する感情がこぼれ落ちているのである。

そして「恋愛」という翻訳語が生まれて以降も、この言葉はさまざまなゆらぎをみせており、すぐにその意味が確定されたというわけではなかった。例えば近代小説の嚆矢とされる坪内逍遥の『当世書生気質』（1886 晩青堂）では、「愛」や「恋情」などに〔ラアブ〕と注釈が付されているものの、「恋愛」は出てきていない。そこで本章は、先の問いを主題に据えながら、主として明治期における「恋愛」という言葉に込められた意味の軌跡を辿ることを試みてみたい。具体的には一八八五（明治一八）年に創刊された『女學雑誌』(3)の「恋愛なるもの」に関する言説を中心に、その過程を考察する。(4)『女学雑誌』は、これまで多様な領域の中で明治期において「恋愛」について論じた先駆的な雑誌として位置づけられてきた。(5)しかし、この雑誌における「恋愛」やそれに関連する言葉の意味を辿る試みは、これまで意外なほどなされてこなかった。それは『女学雑誌』で掲げられた新しい恋愛観が、「恋愛結婚」と分かちがたく結びついていたために考察の視点がこの成立過程や、ロマンティック・ラブにおけるイデオロギー効果へと移っていく傾向があるからなのだろう。

さらにここで以下のことを強調しておかねばならない。本章の目的は、同時期における「恋愛」

を語る営みから、その「実態」について論じようとするものではなく、先にも述べたように、あくまで資料内在的な視角によって『女学雑誌』における「恋愛」やそれに近似する言葉の固有の配置を記述することにある。また、当時は『女学雑誌』においてしか「恋愛なるもの」が語られていなかったという立場にあるわけでも、もちろんない。翻訳語としての「恋愛」が成立した時期には、おそらくこの言葉をめぐる言説が幾層にもわたって存在していたはずである。先の佐伯（1998）の試みは、文学を中心に据えながらその様相を描くものであり、『女学雑誌』はこれらと異なる展開をみせる可能性が十分に考えられる。したがって本論は、当時の「恋愛」に関する多様な言説において、『女学雑誌』における営みがいかなる位置を占めるのかを考察していくための最初の試みという位置づけになり、そのための補足として、本章の最後では『女学雑誌』以降に展開された恋愛論についても触れておくことにしたい。

2　「愛」に基づく男女関係

2-1　巌本善治による「愛」

『女学雑誌』といえば、一八九二（明治二五）年に掲載された北村透谷の「厭世詩家と女性」があまりに有名であり、これこそが「『女学雑誌』と〈恋愛〉思潮を結び付けた」といわれている（小長井 1996: 19）。だが、本章のように「恋愛」に込められた意味合いの変容過程を考察しようとするならば、やはりそれより前のものに注目する必要があるだろう。実際、『女学雑誌』では、透谷が登場する前から「恋愛なるもの」を論じる試みが多くなされていた。

同誌の第二四号より編集人を務めた巌本善治は、その中心人物であった。多くの研究において指摘されているように巌本はキリスト教の信仰を得ており、その理念に基づく女子教育の普及と女性の地位の向上を目指していた。創刊第二号の社説「婦人の地位（上）」では、巌本は「人世の開化」の過程を「野蛮」、「半開」、「開化」の三段階に分けた上で、「男女の交情」もこれに応じて変化すると説く(6)。つまり動物的な「肉体上の情欲」である「色」から、「情より出《いづ》る」「癡《ち》」、そして「眞正の靈魂」より発する「愛」へと進化を遂げるという。むろんこのとき、最上級の「愛」の時代を迎えていたのは欧米諸国であり、ここにおいて女性は「初めて男子の軽蔑を免れ亦《ま》た男子の壓制《あつせい》を脱し、一個《ひとり》の人類たる権力を享《う》け」ることができる。開化の時代に入ろうとする「我国」も、「愛の界」に進むために日本婦人の地位を改良する必要があると訴えた(7)。巌本の「愛」を論じる試みは、女性に対する見方を転換させ、その地位を向上させることを目的に始まるのである。ただ、この女性の中には『女学雑誌』の読者という階層的に上位に位置する者だけでなく、まさに色の世界に生きる芸妓や娼妓たちをも含んでいた。彼女たちは「一種の奴隷」で人権のない存在であるとして(8)、巌本は誌面において頻繁に廃娼論を訴えている。そして「娼妓」を「諸君の姉妹」とみなした上で、「姉妹ハ男子の玩弄物となりて公然その恥辱を万国に輝かせり。諸君ハ之を憤らざる乎」と読者に問うのである(9)。つまり、先の巌本による「色」から「愛」への進化論は、国家の公娼制度そのものに対する批判の上に成り立っていた。
しかし、娼妓の数は減じるばかりか年々増加し、遊里や公娼制度に対する世間の意識に大きな変化はみられなかったという。ある「士君子」は、「月に一二度の遊蕩は決句勇氣を増すの徳あり」などといい出す状態で、(10)また新聞や小説の中でもあいかわらず「妓楼の談」が度々取り上げられていた。巌本は、作家に対してやむを得ず「娼妓」や「芸妓」を描く必要がある場合には、「飾らずして、其《その》骸骨を現し、只《た》だムキ出しにして其実際を寫」すよう訴える。(11)芸妓や娼妓の実情として、巌本によって示されたのが下記の記述である。

娼妓藝妓の如き下賤卑劣なる女原は、吾人もとより堂々として之を斥けずして可なり。彼等は只だ、慾と金とあるを知つて、正義正道《ただしきみち》の何者たるを知らず。……既に落魄《おちぶれ》して、地獄に陥いりたらんものは、其の魂《たま》しひ漸く衰へ、其の良心漸く消え、絶へて亦《ま》た萬物の靈長《かしら》たる資格を在せざるに至る。

先に巌本は、娼妓を「姉妹」として位置づけ激励したが、ここでは、とても同じ人が書いたとは思えないほど辛辣に表現されている。ただし、それは遊廓の表面上の華やかな部分だけでなく、このような実情が小説として描かれたならば、人々の「嫌悪」は極まり、「愛憐《あはれみ》を生じ」、「憤ほり」、「救濟の策を決する」はずだという目論みがあるからであった。(12)いわば巌本による「戦略的な蔑視」

とでもいえるかもしれない。ゆえに上記の「娼妓藝妓の如き下賤卑劣なる女原」という箇所のみを抜き出して、それを娼妓への蔑視として読み解くことはおそらく間違いである。その証左として、後の記事ではやはり娼妓を「可憐なる姉妹」として位置づけ、娼妓に対する社会のまなざしが変わらなければ「日本婦人」の地位も決して変わることはないと訴えている(13)。

巌本のいう公娼制度による弊害は、夫婦間の「愛」にも及ぶ。夫婦における「眞正《まこと》の愛」とは、必ず「相《あ》ひ敬するの念」を要し、そして「靈魂《たましひ》を愛」することにある(14)。だが、「若年より女子を心の儘に弄ぶの習慣に安んじ」、「之を玩弄物とするの便利世に存するを知れバ」、妻を「特別の女子」とみなす「理」もなく、妻に対しても「同様の道具として勝手に取り扱」うようになる(15)。つまり遊里における「偽りの愛」を知ることは、夫婦間に育まれるべき「愛」を阻む「病元」となるというのである(16)。確かにここでは、「色」をめぐる男女関係が近代的なまなざしのもとに批判されている。だが巌本の論に限るならば、「色」から「愛」の移行に伴い、芸妓や娼妓に対する蔑視が生まれたというよりも、少なくとも彼自身は「色」と深く関わる職業を駆逐し、対等な男女関係を実現するために男女間における「愛」を賞揚したのである。

2-2 「愛」と「恋愛」の区別

ただし、ここまで巌本が述べてきたのはあくまで「愛」についてであり、これが必ずしも「恋愛」ではないことに注意したい。実際、別の箇所で巌本は「恋愛」を否定的に捉えている。家族の目的について論じたある記事では、「啻《ただ》幸福を求め、安樂に安んじ、恋愛に溺れ」る男女となることを戒め、国や人類のために尽くすことが家族の役割でかつ幸福であると主張する。[17] このような家族はもちろん「愛」によって成り立つものだ。

巌本による「愛」と「恋愛」の区別がいっそう際立つのが、翻訳小説『谷間の姫百合』を評した記事においてである。[18] 小説の中の「私の命は其《その》恋で今まで持て丶居ります。恋は私の命ちで私に取りても此外には何の樂しみも願もありませぬ。……」という訳に対して、巌本は「恋」という「日本通俗の文字《もんじ》を、甚《はな》はだ潔く使用」し、「ラーブ（恋愛）の情を最《もつ》とも清く正しく譯出《やくしゅつ》」した訳者の手際に「感服」したとある。英語には適当な「文字」があるが、「日本の男子が女性に恋愛するはホンノ皮肉の外にて深く魂（ソウル）より愛するなどの事なく、隋《したが》つてか丶る文字を最も嚴肅《げんしゅく》に使用したる遺傳《いでん》少なし、偶々《たまた》ま之を使用すれば演劇《しばい》の口説風に陥ることなれど、譯者《やくしゃ》の筆は十分に其意想を現はし得たり」。つまり戯作などで描かれる遊廓内の「恋」は、ともすれば「不潔の連感《アッソシエーション》」に富むけれど、それとは異なる文脈では「恋」という言葉によって「ラーブ（恋愛）の情」をよく表現なし得ているという。[19] したがって巌本はここで「恋」とLoveの違いを強調した（柳父 1982: 90）のではなく、小谷野敦（2005）が指摘するように、むしろ「恋」という語にLoveと似た響きがあることを見出したことになる。では、これまで男女間の「愛」を提唱してきた巌本が、なぜこの訳語に「恋」ではなく「愛」を用いるべきだと批判しなかったのか。それは、やはり巌本が唱えてきた「愛」とこの作品における情熱的な「ラーブ（恋愛）」が違うものだと考えていたからで、巌本が「愛」という言葉に特別な思いを馳せていたことが窺える。

他方で「Y・T」という匿名の執筆者は、「男女相思ふ時」の「情愛」を「高尚なる感情」の「ラッブ」と「劣等の情慾」の「ラスト」に分け、これらの日本語として前者に「愛情」、後者に「色情」という言葉をあてている[20]。「動物の本能」である「色情」には、「卑しき」意味を持つに至った「恋」、「色」、「色恋」も含まれるが、「愛情」は、神を除いた「人間の万物に霊長たる特色」の一つであり、人類が重んじるべきものであった。こうした枠組みで捉えてみると、「色情」は、「理性」によって「抑制」すべき対象として位置づけられるのである。それまで「情愛」という単一の言葉によって表現されてきた「特別の情」を「精神（愛情）」と「肉体（色情）」とに分節し、前者を後者と比して高尚だとする発想は、西洋的霊肉分離の思想に基づいている。「Y・T」は、「見よ……アンゼロはその愛人と一回《ひとたび》のキッスさえせざりしに非ずや[21]（引用元の傍線削除）」と、キリスト教文化における禁欲主義に深い「愛情」を見出しているが、それは巌本の唱えた「愛」と非常に近いものである。

3　「恋愛」の反社会性

3-1　「恋愛」の否定／肯定

巌本が「恋愛」ではなく「愛」について積極的に論じた理由の一つには、「恋愛」に伴う「肉交」

の危険性という問題があった。『時事新報』に掲載された福澤諭吉の「男女交際論」にならって、巌本も男女間の関係を「兩性の肉躰直接の交わり」に基づく「肉交」と、「人間温愛の情感」を通じあう「情交」に分けている。[22] しかし福澤とは異なり、未婚の男女だけでなく夫婦の間であっても重視すべきは「肉交」よりも「情交」であった。というのも「肉交」を規制するものがない状況において、それは恐れるべき「大危險《だいきけん》の谷」に陥ることになるからだ。[23]「西洋文明國」では、「肉交」を「制治」するために「宗教」、「與論《よろん》の勢力」、「男女相敬《あいけい》の風」、男女交際の「習慣化」、「嚴重の禮式《れいしき》」などがあるものの、[24] 日本においては、このような規制が存在しないとされる。もっとも明治以前からあった独自のルールや美意識に貫かれた色道とは、「肉交」に伴う危険なエネルギーを制御するための一つの技法であったといえるだろう。だが、この色道は、やはり廃娼運動の文脈では否定され捨象されてしまうのである。こうして肉欲を罪とする禁欲の文化的ルーツを持たざる中では、「情交」を盛んに行うことで「肉交に僻するの弊自（ママ）づから減じ」ることを待つよりほかない。[25] つまり、「情交」により「愛」を育むことが、さしあたりの「肉交」に対する規制なのであった。[26]
徳富蘇峰からの批判を受けて、巌本はこの危険性こそがまさしく「恋愛の短所」[27] であることを認めているが、しかし、それは「神聖」なる「恋愛そのもの、罪」ではなく、「肉交」を制御する術を備えていないからこそ問題となるのである。前節でみたように巌本は、社会あるいは国家から独立した幸福を追い求めてしまうという「恋愛」そのものの、そしてこの「恋愛」に伴う「肉交」の反社会的性格を批判的に捉えていた。それゆえに「愛」に基づく男女関係を提唱しながらも、「恋愛」

を手放しで称賛することはなかったのである。

こうした中で「恋愛」を真正面から論じたのは、やはり北村透谷である。一八九二（明治二五）年二月に二回にわたって掲載された「厭世詩家と女性」において、透谷は「恋愛」こそ至上の価値を持つものであると訴えた。「恋愛は人世の秘鑰なり、恋愛ありて後人世あり、恋愛を抽き去りたらむには人生の色味かあらむ[28]……」というフレーズに始まる小文は、巌本の「愛」に関する議論から大きく飛躍している。透谷は、「恋愛」によって「他者」と相対することにより、はじめて「己れ」が定義され、「社界」の「一分子」となり得るという。また「想世界と実世界との争戦より想世界の敗将をして立て籠らしめる牙城となるは、即ち恋愛なり[29]」とあるのは、自由民権運動に挫折した透谷の想いを彷彿とさせる。「想世界」に位置づけられる「恋愛」は、「実世界」において敗れたものの救いにもなるというのである。

しかし、このように「恋愛」を賞賛した透谷であるが、後編では、「恋愛」と結婚の両立不可能性について言及し始める。結婚によって「実世界」と関わりをもつとき、「想世界」に位置づく「恋愛」は一気に「俗化」し、その醍醐味を失ってしまう。さらに「抑も恋愛の始は自らの意匠を愛する者にして、対手となる女性は假物《かりもの》なれば」というように[30]、透谷にとって「恋愛」とは、透谷自身の、あるいは男性側の「想世界」が投影されたものであった。そうであるからこそ透谷は、「處女の純潔を論ず」において、「高尚なる恋愛は、其源を無染無汚の純潔に置く」と、「処女の純潔」を重視し、性の抑圧を女性側にのみ強く課すのである[31]。そしてやはり「始めより純潔なき恋愛」は単なる「肉愛」に過ぎず、何の価値も置かれない。「肉交」の危険性を「純潔」の価値を強調することにより排除しようとしたのが、透谷の「恋愛」であると捉えることも可能だ。しかし、ここにおいて透谷が語るのは、「肉欲」とは別のところから生じる（むろん遊廓内の好色とも異なる）「狂愛」としての「恋愛」であった。したがって先の巌本のように男女間において徐々に育まれ、その先に家族形成（結婚）を見据えていた「愛」からは大きく逸脱しているといわざるを得ない。

3-2 透谷以後の「恋愛」

先の透谷の「厭世詩家と女性」は、当時の文壇に多大なる影響を与えたといわれている。では、『女学雑誌』において、どのような影響がみられたのだろうか。透谷以前の一八八七（明治二〇）年・第三二五号で、巌本は「近頃《ちかご》ろ、恋愛と云ふ文字《もんじ》」が、「士君子」または「親子」の間でも少しの「會釋《えしゃく》なく」おおっぴらに語られるようになったと指摘し、それを「驚くべきの變化」だと述べている。(32) だが『女学雑誌』上では、すぐにこのような変化がみられたわけではなく、多様な寄稿者によって「恋愛」が語られ始めるのは、やはり透谷後の明治二〇年代後半以降のことである。それは巌本が提唱してきた「愛」とは全く異なる反応が、透谷の語る「恋愛」にはあったことを意味する。一八九九（明治三二）年・第四九〇号の読者による寄書では、「名も知れぬ賤の女の文ならぬ文を掲ぐるをゆるし給ふや」と述べた後、恋愛について次のようにいう。(33)「若しこの世よりしてこの文字をとり去らんか、必ず無味乾燥にして、恰もサワラの砂漠さては二一添作の五的の趣味なき世に化し去るべし、これありてこそ人情の花も咲け、紅の涙の色もなつかしかれ」。これは先の透谷の「厭世詩家と女性」における「恋愛を抽ぎ去りたらむには人生の色味かあらむ」という冒頭部を明らかに意識していると思われる。そして「恋愛のうちにわけても少女の恋愛ほどうれしきはなかるべし」と、いわば「処女の初恋」について綴るのである。[34]このような読者の寄書でさえ「恋愛」が至上化され積極的な価値が加えられているところにこそ、「恋愛」という言葉の広まりを確認することができるだろう。透谷の示した「恋愛」は、まさにそれを触発する契機となったのである。

また「処女の純潔」を賞賛する声が、ある種変質した状態においてみられた。女性の外見について論じたある記事では、「麗はしく飾りたる都風の美人」よりも、「質素素朴にして、自ら其美なることを知らざる田舎片里《でんしゃへんり》の純潔な處女」をみた時に「恍惚として愛慕《あいぼ》の情」に引かれるとある。[35]別の記事でも、「虚飾の装ほひを爲《な》す美人」ではなく、「風采風姿と云ふ教育から發した光采と、心の貞正純潔な所より發した従順清艶な姿とを以て」「愛恋欣慕《きんぼ》」するという。[36]これらの記事では、透谷の恋愛観について直接触れているわけではないのだが、いずれも女性の「純潔」を賞賛し、そこに「愛慕」、「愛恋」が生じるという点において共通している。さらに、ここでは一見すると外見上の違いが論じられているようでいて、実は「純潔」という「内面性」の発露を「外見」に見出しており、透谷の論と同様に「精神」の優越あるいは「内面」に対する強い志向が窺えるものである。

4　精神と肉体の連続性

4-1　「恋」の肯定と「愛」との結合

他方で、大和言葉である「恋」の復活というべき事態も、透谷後の多様な語られ方のうちの一つであった。例えば青柳有美《ゆうび》（青柳については後述する）による「恋を汚すもの」という項目では、「我が那」には「古来」から「情死なるもの」があり、「恋」が「もし肉感のためならば何ぞ恋して死するの要あらんや」と、「恋情」と「色情」との間に大きな違いがあると主張される[37]。第2節でみた「Y・T」の記事に確認されたように、「恋」は「色」や「色恋」とともに「色情」として、「愛情」とは異なる低俗なものとしてみなされていた。だが、ここでは情死に至るほどの「恋」は、単なる肉体関係としての「色情」にも、あるいは当然精神的関係だけにも還元できないものとして位置づけられている。また「花影子」という筆名を用いた三輪花影も「現世の恋は、肉感を離る事なしと思ふ。肉感を混するが故に恋は神聖にあらずと思は誤れり（傍点引用元）」というように[38]、先の青柳と同様の立場にある。「恋」における「肉感」を肯定し、「恋」が神聖であるかどうかは「互いに自己を忘れて其情人を思ひ、一身を捧げて省みざる」という「至誠」によって決まるとされる。やはりここで「色」という言葉は使われず、たとえ「肉感」を伴うものであっても「神聖であるか否か」が重視されているという点において、それは確かに厳本や、透谷の「恋愛」に関する考え方が経由されたことを示していよう。

しかしながら、花影は男女関係から「肉感」を切り離すという「理想論者」の見方とともに、「一種の寫實《しゃじつ》派の如く、恋を以て全く肉感にあり」とみなすことを批判し、(39) かかる精神と肉体の対立という発想を退ける。いやむしろ、このような発想を前提にした上で、「肉感」を含む「恋」と、単なる「肉感」とに分節化している。ここにおける「恋」とは、肉体的関係を含みながらもそれを「肉感」と呼ぶには、あまりに精神的なものが付随しており、全く肉体的なものとも精神的なものとも位置づけることができないものだ。青柳や花影の側からすると、「肉体」を決して切り離し得ない「恋」とは、巌本や透谷によって示された「精神／肉体」という二元論の中にはなく、それをあえて図式的に示すならば、この青柳や花影の主張は、「(肉体＋精神)／肉体」となるであろう。

つまり、ここにおいて「肉体」は二重化されているのである。先の「Y・T」の記事にみられたように、「色情」と「愛情」とに分節化される以前における「男女相思ふ時」の「特別の情」は、「情愛」という一つの言葉によって捉えてきたのであり、また柳父章（1982: 94）によれば、『万葉集』などの恋歌では、「恋」する人の心と肉体は独立しておらず、切り離し難い一つのものとして表現されてきた。先の青柳や花影のような「恋」の感受性が、『万葉集』の頃から脈々と続くものであるのか、あるいは徳川時代以降、何らかの変化が生じたものであるのかについては大きな課題であり、別途詳細な分析が必要となる。しかし、これまで「肉体」を切り離し、精神的な関係を重視する巌本や透谷の恋愛論に隠れて取り上げられてこなかったが、このような主張が『女学雑誌』においてみられたことは注目に値するであろう。従来『女学雑誌』は、西洋のキリスト教文化と深く関わる恋愛観を提唱した媒体であるという見方がなされてきたけれど、実にそれは事態の半面でしかなく、上記のようにまさしく同誌上において禁欲的な「恋愛」に対する異議が申し立てられていたのである。さらに、これら青柳や花影の主張は、一九一〇年代以降の「通俗的性欲学」へ引き継がれていくのであり、終節においてこの点を改めて検討することにしたい。

そしてやはり透谷による恋愛論の後の巌本の言論に注視しなければならないだろう。一八九七(明治三〇)年の記事には、「一と度恋ふると云はば、たゞ肉欲上の事とさげすみたらん時世は、今大方は過去りしなるべし」とあり、巌本も先の青柳や花影と同じように「恋」を捉えている。[40] この巌本の記述は、明らかにそれ以前と変わっているのである。別の「恋愛のまこと」という記事でも、「恋」を「恋愛」の前段階にあるものとして位置づけ、「恋」の「忌はしき煩悶を脱し」、「靈交《れいこう》に情を潜め」、「他の愛を樂しむと云ふ境涯に達してこそ、恋は美しけれ」と、あいかわらず「肉欲」に対する具体的な規制が示されるわけではないのだが、「肉欲」を伴う「恋」を美しきものに変えるものもやはり「愛」によってであると主張する。[41] 第2節で確認したように、巌本はこれまで「恋」に近似する「恋愛」と、「愛」とを意識的に分けた上で、「情交」を重視してきたのだが、ここでは「恋」と「恋愛」を「愛」の中に包含させるという立場に転じている。つまりこのように位置づけることによって、「肉欲」を伴う「恋」や「恋愛」を、「愛」によって馴化させ、透谷的な、あるいは反社会的性格を備える「恋愛」を乗り越えることを試みているのである。

このような「恋」から「恋愛」への段階的変化は、『女学雑誌』の読者にも理解され受け入れられたといえるかもしれない。「天行」という読者の投稿文によれば、うつろいやすい「酔たる恋」は、結婚によって一度死なざるを得ないが、「恋の色氣を脱したる恋愛」へと蘇り変じていくことで結婚生活のなかで不滅のものとなっていく。(42) ここでいわれる「恋愛」とは、透谷の「恋愛」ではなく、先の巖本の「愛」に組み込まれた「恋愛」に近い。さらにこの男女関係における段階的な変化は、現代の感覚にも通ずるものでもあるだろう。

以上で取り上げた記事からは、Love の翻訳語としての「恋愛」が、西洋由来の「愛」と、日本独自の「色」の美学に由来する「恋」とが接合しながら成立していく様相がみてとれる。「禁欲」を重視する透谷の恋愛観とそれに対する賞賛は、一方では切り離し難い「肉体（肉欲、肉感）」を注視させ、結局それが「恋愛」関係の中に包摂されるに至ったのである。

4‐2　青柳有美の芸者観と「恋愛」

本節の最後に示しておきたいのは、終刊へと至る『女学雑誌』がみせたユニークな展開についてである。ここでは、巖本に次いで第五二四号（一九〇三〔明治三六〕年一二月二〇日）より編集人となった青柳有美（青柳猛）の論を中心に扱うことにしたい。青柳は、当時、明治女学校で英語を教えながら『女学雑誌』に関わり、その後、実業之世界社の編集局長及び雑誌『女の世界』の主筆を務め、女性や恋愛、性、美術に関する多くの著作を残している。巖本や透谷と同様に、キリスト教に入信しているものの、青柳の娼妓や芸妓に対する見方がこれまでの誌面とは一線を画しており、『女学雑誌』の啓蒙的性格から大きく逸脱をみせている。まず、青柳の「吉原の夜景」と題された遊廓「吉原」のルポルタージュ的な記事を、少し長くなるが引用しよう。

> 其《その》三層四層の高楼の、軒を並べて聳《そび》へたるは、はでやかと言はんより、寧ろ何となく暗澹《あんたん》たる悽《すご》味《み》を帯て、地獄の建物とは此《か》るものにやとの思ひす。されど張店《はりみせ》のところのみは、瓦斯《がす》の燈《ともしび》電《でん》氣燈《きとう》の光などまばゆく、赤青金襴の衣美《うる》はしく、世の人と異る装ひせる婦どもの、後に張れる鏡に影をうつし居《ゐ》並ぶさま、龍宮の乙姫見る心地のせらるれ。その丸格子の間より半ば顔さし出で、、客を惹かんと麾《さしまね》くは……いと〱哀れなり。……されど何處《いずこ》の店を窺《のぞ》き見るも、癈娼論者などより聞く如く、憂し苦しと悩み居る面持の、一向に見えで、いずれの女郎衆も皆欣々《きんきん》然たる様子に小さき鏡を片手にしながら、白粉のはげかけたるを膳《つくろ》ひ居るさま、愈々《いよいよ》哀れなり。(43)……

青柳は、吉原の女郎（娼妓）を度々「哀れ」だと述べているが、それでいてどこか美しくも描写されており、ここからは女郎に対する侮蔑のようなものは感じられない。店先に集う「若者ども」に対しても、あからさまに批判することなく次のようにいう。「我が那には男女の交際場といふもの、外《ほか》になければ、たゞ女郎屋の店頭《みせさき》のみ……悲しひ哉、人に異性の交際なくては、かなはじてふ天性に激せられて、而《しか》も此の汚れを爲す。之を思へば、彼等もまた哀れなり」。そして吉原は驚くほどの「一大部落」をなしており、「並々の癈娼論」を唱えたところで「蚊のとまりしほどの痛傷」にもならないと締め括る。(44)ここでは遊廓におけるオモテとウラの両方が描かれており、廃娼論の「理想」を唱えた巌本と青柳の違いは明白であろう。

さらに青柳の結婚観は、「恋愛」と切断されており、やはり巌本の結婚観・家族観とも大きく異なっている。「恋《こ》ひとは聖《きよ》きもの」であるが「恋の終り」はとても醜く、「一たび結婚の門に足ふみ入るならば、忽《たちま》ちにして恋の酒はさむる（傍点引用元）」という。(45)そして驚くべきことだが、このような結婚生活の具体的な解決法として読者に提示されるのが、「手練手管」を「学修」することであった。(46)「手練手管」といえば「藝者か女郎かの専有物」である。だが、それは「卑しむ」べきものではなく、長年にわたって培われた「抜く手差す手」によって、男に「平安と快樂とを與《あた》へ、その職業に勤勉ならしむることを得る」。「これからの婦人たり妻たるもの」は、「藝者の方々などと実力上の生存競争をしても、一歩も譲らぬまでに其腕を磨きあげる」必要があるのだと説く。(47)つまり、先に巌本によって家庭外の「偽りの愛」と表現された遊廓や花街における交際の技法が、青柳にとっては日常生活のなかに非日常的要素を呼び込み、断絶する恋と結婚とをうまく接続させるものになるのである。こうした語り方自体はよくみられるものであり、決して青柳独自の見解というわけではなかった。しかし、『女学雑誌』という媒体において、このような記事が掲載されていたということに、やはり驚きを禁じ得ない。前節で取り上げた「肉体」関係を含む「恋」を肯定する記事もみられたように『女学雑誌』は、これまで検討されてきたこと以上に多様な言論によって編まれていたといえる。

　青柳は、娼妓や芸妓をその記述において批判し排除するようなこともなく、むしろ別の記事のなかでは、芸者（芸妓）という「社交」を担う職業を「帝國の國粋」として位置づけ、芸者が呈する「一種特得《どくとく》の」「怪美《ピクチエアスク》（ママ）」を賞賛する。(48) 夜の「燈火」や「白粉」、あるいは「舞ひ」、「会話の功妙」によって助長される芸者の美は「人の注意」を引き起こすが、ただし、それは「稀れに之を観てこそ」快いものであり、絶えずこれをみていれば「人心を疲労せしむるもの」となる。対して、令嬢や妻といった「素人」の「麗美《ビユウテ井フル》」は、「之を認識すること稍々《やや》困難なれども、一たびその靈光に觸《ふ》るゝや、快味長く消ゆることなく」、「夫を慰めたる（傍点引用者）」。ようするに「藝者美は、しばしの眼を悦び樂ましむるによく、素人美は長く之を友とするに」良いというわけなのである。非常にわかりやすく「藝者」と「令嬢や妻」の美が「一時性」と「継続性」とに対置されるのだが、さらにこれらは非日常的で持続不可能な「恋」や「恋愛」と、日常的で継続性を要する「結婚」との関係にひどく似ており、おそらくは青柳もそれを念頭に置いている。青柳は先の記事で結婚によって「恋」は消え失せるという考えを示していたように、芸者の美に魅かれる感情が一時的で持続不可能なものであるからこそ、「世の藝者に浮かれて之を内閣に引き入れんとする人」に対し注意喚起するのである。

　しかしながら、同記事では「藝者の美は、面白くて趣味あり、之に眩して我が眼をとろがす（ママ）……」、「容色の美に打たれ、忽然として……」、「人を刺激すること激甚ならざるべからず……」などと、

「一目惚れ」、あるいはそれ以上ともいえる感情が多様な表現によって繰り返されている。[49] 一過性のものだと抵抗を示しつつも、同時に青柳は、確かに、その「美しさ」にどうしようもなく魅了されているのである。[50] 第2、3節でみてきたように『女学雑誌』では、精神的な関係を重視する高尚な「愛」や「恋愛」の理想が喧伝されてきたのだが、この記述からは芸妓というわゆる玄人女性に対する「色」または「恋」に近いある種の感情が、容易に消滅するものではないということが示されている。

ただし、事態はおそらくそれだけではない。『女学雑誌』に掲載された「畜妾問題の新研究」[51]では、妾となる女性の素状が明らかにされているが、五〇〇例中一八三名が「芸妓」であり最も多く挙がっている。[52] つまりこの記事によれば、芸妓は、「妻」により近い存在として並存していたことになり、[53] 巌本や透谷の主張とは矛盾している。「芸者の貴婦人化」と高群逸枝が表現したように、当時の政府の高官や富豪、有名人士のなかには芸妓を「妾」としてだけでなく「正式な妻」として迎えたものも珍しくなかったという[54]（高群 1966：506）。まさしく芸妓は「恋」「恋愛」の対象としてだけでなく、結婚の（あるいは「妾」としてそれに近い）対象として位置していたことが窺え、かつて独立した関係にあった「色」と婚姻制度が、ここにきて全くの無相関であるとはいいきれないものになっている。もちろん妾をもつことができる者、あるいは実際に芸妓と結婚をなし得る者とは、ごく一部の階層に限られていよう。加えてやはりその対象は娼妓ではなく芸妓なのであり、「玄人女性」といえども娼妓と芸妓のあいだの差異は大きいのかもしれない。とはいえ、従来日常生活の外に位置づけられていたはずの男女関係が、日常生活の次元へと少しずつ侵食していることは確かであり、これを「偽りの愛」と呼ぶのはもはや無理がある。佐伯は、尾崎紅葉の『三人妻』の描写から、遊里などの「色」の世界では、明治期に入り「色」が美的感受性から単なる「肉欲」へと変貌したと指摘する（佐伯 1998：52）。確かにそういう側面もあったのだろうが、その一方で、ここで示されるのはそれとは全く異なる事態なのではないか。つまり、「色」から「恋愛」への移行に伴い、その対象が「玄人女性」から「素人女性」となったというだけでなく、「恋愛」（そして結婚）の対象に芸妓という「玄人女性」もが含まれるようになったことが示唆されるのである。先の青柳の記事における「芸妓」の美に対するまなざしも、やはり巌本の「愛」や透谷の「恋愛」における「理想」と大きなギャップがあることを如実に物語っている。さらにいうならば、前項で取り上げた青柳や花影による「恋」という語とともにみられた男女関係における「肉感」あるいは「肉欲」の肯定は、これらと決して無関連ではないように思われるのである。

5　Love の日本的展開

以上では、Love の翻訳語として「恋愛」が成立した明治期に焦点を当て、『女学雑誌』におけるその意味を辿ることを試みてきた。第2、3節でみてきたように西洋由来の「恋愛」は、キリスト教文化の影響を受けた知識人によって論じられる対象となったわけであるが、ここにおける「恋愛」とは、精神と肉体を対立させた上で精神的関係あるいは「純潔」を重視するものであった。このような言論は、『女学雑誌』以外にもみられ、例えば平塚らいてうや与謝野晶子ら「新しい女」たちは、『青踏』において、公娼制や「家」制度を批判するために「処女」や「貞躁」に特殊な価値を付与し、自覚的に自らのセクシュアリティに厳しい枷をはめていった（牟田 1996）。また女性のみならず男性も、立身出世のために禁欲が要請されていたのであり、こうした規制と無縁であったわけではない（澁谷 2013）。長い視野でみてみればこうした流れは戦後の純潔教育まで続いたということもできよう。

他方で、第4節で取り上げた透谷らの恋愛観に対抗する言説は、「通俗性欲学」の中にその連なりを確認することができる。赤川学によれば、「性欲」という言葉が現代的な意味で使われ始めたのは明治二〇年代のことであり、性的知識の啓蒙を目的とする通俗性欲学が明治末期から大正初期にかけて一つのジャンルとして形成されたという（赤川 1999：155-156）。では、『女学雑誌』の中で展開された多様な恋愛論と、その後の通俗性欲学の興隆は単に偶発的なものであったのだろうか。おそらく、そうではないのだろう。当時の通俗性欲学を牽引した者として羽太鋭治・澤田順次郎・田中香涯らとともに、前述の青柳有美の名が挙げられるように（赤川 1999：156）、「恋愛」から「肉体」を切り離すことに対する違和は、性欲を科学的に解明し、肯定する方へ向かったと捉えることもできる。確かに、性欲は、通俗的性欲学において独立した概念として浮上するのだが、それがより人間的で文明的な対他関係のなかに位置づけられる時、「恋愛」が主題化されるのである。(55)

先の青柳は、自著『恋愛の話』において、「恋愛」の動機を「色欲[56]（性欲）」にみているが、「人間は文明になれば成るほど、之（色欲：引用者）に種々雑多の修飾」が加えられ、「恋愛」は複雑化するという[57]。青柳の別の書『性欲哲学』で説明されるように、この「修飾」というのは「言語」のことを指しており、「言語によって色欲なる情念が表示せらるゝやうになれば、これに精神的分子が加へられて想化」され「恋愛」に至るのである[58]。そして「色欲と謂へば、如何にも劣等な欲望、不潔の情念のやうにも聞こえるが」、「色欲は自己より更に大なる種族生存を以て其の發動の目的として」いるために「高尚純潔（傍点引用者）」なのだと主張する[59]。また、通俗性欲学者である羽太鋭治も『恋及性の新研究』のなかで、「恋愛とは性欲の美的發露であつて、その根本に於ては性欲本能に立脚」しているが、ただし「性慾そのものが直ちに恋愛であると」みなすことは「極めて原始的に還元した觀方《みかた》であつて、吾々今日の開明人にあつては、……本能そのまゝの露骨な発現では到底満足することは」できないという[60]。やはり「恋愛」においては、「精神的要素」が欠かせないものの、しかし「純然たる精神的なものとのみ思惟することも誤り」で、「肉體的要素を除外する譯にはゆかない」と、霊と肉を「恋愛上の二大要素」として位置づけている[61]。

「性欲」にある種の修飾が加えられたものが「恋愛」であり、かつ「恋愛」の目的が「肉躰の満足と精神的の快楽[62]」の双方にあるという見方は、青柳と羽太の両者に共通していよう。そして、このような主張の前提には、やはり「世間の人は往々神聖なる恋愛と言ふ事を誤解して居る場合がある、単に性欲的な、肉を離れたものを神聖であると解して居るが、決してさうではない[63]」というように、恋愛を「肉体」から切り離された精神の問題として捉える見方に対する批判があったのである。通俗性欲学は、かつて「色」や「淫」によって編制された事象を「愛（恋愛）」と「性（性欲）」とに分化させていったとも指摘される（赤川 2002: 154）。しかし、少なくとも青柳や羽太が「恋愛」を論じる際には、「肉体（性欲）」を完全に独立したものとして考えているわけではない。「恋愛」と「肉体（性欲）」は、相互に背反する二元論に位置づくというよりも、第4節で示した「（肉体＋精神）／肉体」という対立関係の中にあり、つまり、「肉体」を二重化するまなざしが通俗性欲学においても見出されるのである。通俗性欲学では、霊肉一致を説くエレン・ケイなどの西洋の学説が参照されるのだが、それらを受け入れるための素地として「精神」と「肉体」を分節することのない、日本における「恋」という感受性があったということになるのであろう。

確かに『女学雑誌』のなかで展開された巌本の「愛」、または透谷による「恋愛」に関する議論は、Loveという観念とともに西欧近代的な「精神」と「肉体」を切り分ける見方をもたらした。だが、同誌の青柳や花影、そしてこれらの影響を受けて変容した巌本の「恋愛」観においてはその限りではなかった。ここにおいては明治期以前から在る「恋」との接続がなされ、「精神」と密接に結び付く「肉体」（性欲）をも注視させることになったのであり、結局のところ、「恋愛」を全く「精神」的なものとして完全に「肉体」から切り離すところまでには至らなかったとみなすことができるであろう。先に示したようにこの種の言説は、通俗性欲学へと受け継がれており、決して例外として位置づけられるものではないのである。このような『女学雑誌』でみられた「恋愛」の意味の変容は、「恋」と「愛」の矛盾などではなく、新たな「精神／肉体」という知覚と、明治期以前から連続する「恋」という感受性が交差するところから生じたLoveという観念の日本独自の展開のされ方であったと解釈できよう[64]。そしてこのLoveと「恋愛」のあいだのズレは、現代の「恋愛」、とりわけ特定の相手に対する／からの想いが「精神」的なものとも、「肉体」的なものともいずれか一方に決して限定され得ないように、現在に至るまで引き延ばされ続けている。すなわち、現代の「恋愛」に近似するものは、本章で詳述してきたように明治期に誕生した言葉のその後の展開の中にこそ、ようやく見出すことが可能になるといえるのではないだろうか。

注

(1)柳父（1982）によれば、「恋愛」という翻訳語の最初の用例は中村正直訳（1870-71）『西国立志編』にみられる。ただ日本語の辞書に名詞としての「恋愛」が現れるのは、仏学塾（1887）『仏和辞林』で、amourの訳語であるという（柳父 1982: 95）。

(2)むろん、それは性交渉のモラルが「婚姻前提」から「愛情前提」へと移行を遂げた後、しばらくが経過した「現在」からの視点である。ＮＨＫ放送文化研究所（2015）によれば、九〇年代初めより「愛情前提」が多数派となっている。

(3)以下、『女学雑誌』と表記。『女学雑誌』は、欧米の女権と日本の女徳を合わせた「婦女改良」および「女子教育」を目的とした上で一八八五（明治一八）年七月に創刊され（前身は『女學新誌』）、一九〇四（明治三七）年二月までのおよそ二〇年の間、発行された（全五二六巻）。一号から二三号までの編集人は近藤賢三、二四号から五二三号までは巌本善治、五二四号から最終号である五二六号までを青柳有美が務めた。なお『女学雑誌』（白表紙）は、『文學界』へ継承された。
（4）引用文は特記のない限り全て『女学雑誌』のものであり、執筆者、記事タイトル、発行号数、発行年月日の順に示してある。また注釈の付いていない引用文は、煩雑になるため省略したが、前後の引用元と同一である。引用文に関しては、なるべく原文の字体・仮名遣いを尊重したが、表記ができない変体仮名や旧漢字に限っては現代のものに適宜改めた。ただ「戀」や「戀愛」、「慾」に関しては、「恋」、「恋愛」、「欲」という表記で統一してある。なお引用が読みづらくなると思われる場合には、句読点や引用元にあるルビを加えた。また、『女学雑誌』の無署名記事や本名とは異なる筆名の執筆者については、青山・野辺・松原（1970）を参考にした。
（5）例えば、井上（1980）、柳父（1982）、小長井（1996）、佐伯（1998）、Morton（1999）、菅野（2001）、加藤（2004）、中村（2006）、田中（2012）、宮野（2014）など。
（6）巌本善治「婦人の地位（下）」第二号、一八八五（明治一八）年八月一〇日
（7）巌本善治「婦人の地位（上）」第二号、一八八五（明治一八）年八月一〇日
（8）巌本善治「妓楼全廢すべし」第三五号、一八八六（明治一九）年九月一五日
（9）巌本善治「吾等の姉妹は娼妓なり」第九号、一八八五（明治一八）年一一月二五日
（10）巌本善治「妓楼取締の法律」第五九号、一八八七（明治二〇）年四月九日
（11）巌本善治「理想之佳人（三）」第一〇六号、一八八八（明治二一）年四月二一日
（12）巌本善治「理想之佳人（二）」第一〇六号、一八八八（明治二一）年四月二一日
（13）巌本善治「姦淫の空気、不純潔の空気」第一五〇号、一八八九（明治二二）年二月二三日
（14）巌本善治「理想之佳人（三）」第一〇六号、一八八八（明治二一）年四月二一日
（15）巌本善治「妓楼取締の法律」第五九号、一八八七（明治二〇）年四月九日
（16）巌本善治「癈娼論に關する吾人が決心」一九二号、一八八九（明治二二）年一二月二一日

(17)巌本善治「犠牲献身(八)眞正のホームを論ず」第一七二号、一八八九(明治二二)年七月二七日
(18)撫象子(巌本善治)「谷間の姫百合　第四巻(大尾)」第二三四号、一八九〇(明治二三)年一〇月一一日
(19)撫象子(巌本善治)「谷間の姫百合　第四巻(大尾)」第二三四号、一八九〇(明治二三)年一〇月一一日
(20)Y・T「色情愛情辧」第二五四号、一八九一(明治二四)年二月二八日
(21)Y・T「色情愛情辧」第二五四号、一八九一(明治二四)年二月二八日
(22)巌本善治「男女交際論(第三)」第一一四号、一八八八(明治二一)年六月一六日
(23)巌本善治「男女交際論(第六)」第一一八号、一八八八(明治二一)年七月一四日
(24)巌本善治「男女交際論(第六)」第一一八号、一八八八(明治二一)年七月一四日
(25)巌本善治「男女交際論(第四)」第一一五号、一八八八(明治二一)年六月二三日
(26)加えて巌本は、「愛」に基づく家族形成によって「肉交」の危険性を社会制度の中に組み込むことを念頭に置いていたものと思われる。
(27)撫象子(巌本善治)「非恋愛を非とす」第二七六号、一八九一(明治二四)年八月一日。なお徳富蘇峰は、「非恋愛」(『國民之友』第一二五号、一八九一年[明治二四]七月)の中で次のように述べている。「人は二人の主に事る能はず、恋愛の情を遂げんと欲せば功名の志を擲《はな》たざる可らず、功名の志を達せんと欲せば、恋愛の情を擲たざる可らず……遂に恋愛の擒となり、恋愛の外何事をも思はざるに到る、……人此に至りて、既に生きながら死せる也……(引用元の傍点削除)」。まさに蘇峰も、「恋愛」と「功名」を背反するものと設定し、すでに巌本により指摘された「恋愛」の危険性を批判しているのである。
(28)透谷隠者(北村透谷)「厭世詩家と女性(上)」第三〇三号、一八九二(明治二五)年二月六日

(29)透谷隠者（北村透谷）「厭世詩家と女性（上）」第三〇三号、一八九二（明治二五）年二月六日
(30)透谷隠士（北村透谷）「厭世詩家と女性（下）」第三〇五号、一八九二（明治二五）年二月二〇日
(31)透谷子（北村透谷）「處女の純潔を論ず」第三二九号（白表紙）、一八九二（明治二五）年一〇月八日
(32)巖本善治「情交の辨（甲）」第三二五号（赤表紙）、一八八七（明治二〇）年八月二〇日
(33)白百合「恋愛を論ろいて亡き友をしのぶ」第四九〇号、一八九九（明治三二）年六月二五日
(34)白百合「恋愛を論ろいて亡き友をしのぶ」第四九〇号、一八九九（明治三二）年六月二五日
(35)無署名「如何んか是れ美人」第四二七号、一八九六（明治二九）年一〇月一〇日
(36)無署名「美装論」第四七二号、一八九八（明治三一）年九月二五日
(37)青柳有美「人？　悪魔？（一）　恋を汚すもの」第四二四号、一八九六（明治二九）年七月二五日
(38)花影子（三輪花影）「情死の哀を想ふ（上）」第四六二号、一八九八（明治三一）年三月二五日
(39)花影子（三輪花影）「情死の哀を想ふ（上）」第四六二号、一八九八（明治三一）年三月二五日
(40)巖本善治「恋愛」第四三三号、一八九七（明治三〇）年一月一〇日
(41)巖本善治「恋愛のまこと」第四七六号、一八九八（明治三一）年一一月二五日
(42)天行「美神の結婚観」第四九七号、一八九九（明治三二）年一〇月一〇日
(43)有美（青柳有美）「吉原の夜景」第四七八号、一八九八（明治三一）年一二月二五日
(44)有美（青柳有美）「吉原の夜景」第四七八号、一八九八（明治三一）年一二月二五日
(45)悪魔の子　有美（青柳有美）「悪魔の結婚觀」第四九四号、一八九九（明治三二）年八月二五日
(46)青柳有美「婦人の修養について（中）」第五一三号、一九〇〇（明治三三）年二月二五日
(47)青柳有美「婦人の修養について（中）」第五一三号、一九〇〇（明治三三）年二月二五日
(48)青柳有美「藝者美と素人美」第五〇八号、一九〇〇（明治三三）年三月二五日

(49)青柳有美「藝者美と素人美」第五〇八号、一九〇〇（明治三三）年三月二五日

(50)青柳が後に上梓した『接吻哲学』（1921 日本性學會）では、よりはっきりと（恋愛の動機となる）「性欲」は、「異性の容色、擧動《きょどう》、服装等」の「美しいとの感じを受くる物」、つまり「視覚」を介して刺激されるとある。またこのような語られ方は、終節で取り上げる通俗性欲学のなかである程度のまとまりを確認することができる。

(51)山形東根「畜妾問題の新研究」第四七六号、一八九八（明治三一）年一一月二五日

(52)ちなみに芸妓を妾とする者の職業は、「商人」（五四名）、「銀行重役」（二一名）など。また妾の素状としては二番目以降に「女中（下女や酌婦等を含む）」（六九名）、「娼妓」（一七名）などが挙がる。ただし、「素人」という括りは九一名となっているものの、ここには「某の娘、姉妹」等という記載をまとめたもので詳細は不明とされる（引用元は注(51)参照）。

(53)妾を置くという慣習は、江戸期からみられたのだが、「恋愛（結婚）」という観念が経由された後、やはりこの「妾」に対する意味合いにおいても何らかの変化が生じたことが推測される。稿を改めて検討したい。

(54)例えば、木戸孝允、山県有朋、伊藤博文、大隈重信、犬養毅などの名が挙がる。高群は、この「芸者の貴婦人化」とは日本だけにみられるもので、またそれも明治期だけにみられる注目すべき歴史的現象であると指摘している（高群 1966：505-506）。

(55)通俗性欲学の論者たちによる著書の多様なタイトルを参照されたい。そこでは決して「性欲」のみが論じられているわけではないことがわかるだろう。

(56)この「色欲」は、「性欲」の表記上のゆれであると考えられる。というのも、青柳による『恋愛読本』（1932 明治図書出版協会）では、引用箇所の転載がみられるが、その際には「性欲」に改められている。また羽太・澤田も、「性欲」には、「色欲」、「色情」、「肉欲」、「情欲」などの異名がある

ものの、意味は全て同じであるとしている（羽太鋭治・澤田順次郎（1915）『変態性欲論』春陽堂：一一三頁）。

(57)青柳有美（1915）『恋愛の話』実業之世界社：五九—六〇頁
(58)青柳有美（1913）『性欲哲学』東亜堂書房：六八頁（荻野ほか 2000）
(59)青柳有美（1915）『恋愛の話』実業之世界社：五六頁
(60)羽太鋭治（1921）『恋及性の新研究』博文館：三三七頁
(61)羽太鋭治（1921）『恋及性の新研究』博文館：三三七—三三八、八四頁
(62)羽太鋭治（1920）『性欲及生殖器の研究と疾病療法』大東書院：一五頁
(63)羽太鋭治（1920）『性欲及生殖器の研究と疾病療法』大東書院：一七頁
(64)伊藤整（1958）は、キリスト教系の祈りの発想がない日本における男女の「恋愛」関係の心的習慣を、「愛」ではなく「恋」であると捉えている。こうした違和は、本章で論じたようにすでに『女学雑誌』のなかでも散見されるのである。

文献

赤川　学（1999）『セクシュアリティの歴史社会学』勁草書房
赤川　学（2002）「恋愛という文化／性欲という文化」服藤早苗・山田昌弘・吉野晃編『シリーズ比較家族第Ⅱ期　5 恋愛と性愛』早稲田大学出版部：149-172
秋山　駿（1987）『恋愛の発見——現代文学の原像』小沢書店
青山なを・野辺地清江・松原智美（1970）『女学雑誌諸索引』慶応通信
藤目ゆき（1997）『性の歴史学——公娼制度・堕胎罪体制から売春防止法・優生保護法体制へ』不二出版

Henriques, Fernando（1959）*Love in Action: the Sociology of Sex*, Macgibbon & Kee Ltd.（=1963, 巻正平訳『性の社会学』紀伊国屋書店）
ひろたまさき（1990）「日本近代社会の差別構造」『日本近代思想体系22　差別の諸相』岩波書店：436–516
今崎秀一（1965）『愛の研究――その社会的理論』協同出版
井上章一（1999）『愛の空間』角川学芸出版
井上　俊（1973）「愛と性と秩序」『死にがいの喪失』筑摩書房：153–171
井上輝子（1980）『女性学とその周辺』勁草書房
伊藤　整（1958）「近代日本における「愛」の虚偽」『近代日本人の発想の形式第四篇』：139–154
菅野聡美（2001）『消費される恋愛論――大正知識人と性』青弓社
加藤秀一（2004）『〈恋愛結婚〉は何をもたらしたか――性道徳と優生思想の百年間』筑摩書房
小長井晃子（1996）「『女学雑誌』にみる〈恋愛〉観の一面」『国文目白』35: 18–27
小谷野敦（2005）「明治20年代「恋愛」論の種々相――布川孫市『相思恋愛之現象』その他」『文学』6（6）、岩波書店：200–216
宮野真生子（2014）『なぜ私たちは恋して生きるのか――「出会い」と「恋愛」の近代日本精神史』ナカニシヤ出版
Morton, Leith（1999）「総合雑誌『太陽』と『女學雑誌』に見られる恋愛観――1895年～1905年」（共同研究報告）『日本研究』（19）：293–333
牟田和恵（1996）『戦略としての家族――近代日本の国民国家形成と女性』新曜社
NHK放送文化研究所編（2015）『現代日本人の意識構造（第八版）』NHK出版
荻野美穂・斎藤光・松原洋子（2000）『編集復刻版　性と生殖の人権問題資料集成　第29巻』不二出版

佐伯順子（1996）「「恋愛」の前近代・近代・脱近代」『岩波講座現代社会学10　セクシュアリティの社会学』岩波書店：167-184
佐伯順子（1998）『「色」と「愛」の比較文化史』岩波書店
澁谷知美（2013）『立身出世と下半身――男子学生の性的身体の管理の歴史』洛北出版
高群逸枝（1966）『高群逸枝全集　第5巻　女性の歴史2』理論社
田中亜似子（2012）「〈男の愛〉と〈女の愛〉――『女学雑誌』における「愛」とジェンダー」『人間・環境学』21：21-32
柳父　章（1982）『翻訳語成立事情』岩波書店

第六章　地元志向の若者文化
——地方と大都市の比較調査から

辻　泉

1　はじめに

1-1　本章の目的

今日において、私たちは「若者文化」という言葉で何を論じているのだろうか。まずは、このことから考えてみたい。いわば、「若者文化のとらえ方」をとらえなおすということである。というのも、これまでの「若者文化」のとらえ方は、いささか一元的でなおかつ場当たり的であったように思われるからである。

例えば、フリーターが問題化すればフリーターを、スマホが問題化すればスマホを、秋葉原のオタクならオタクを、といったように、その場その場の状況において目立った現象だけを取り上げ、その特徴をあたかも若者全般のものであるかのように一般化してきたのではないだろうか。

だが、そのようにすべての若者を代表する、「ザ・若者」のような一元的な存在がどこかにあるわけではない。むしろ特徴的な現象を複数取り上げたように、いくつかの特徴的な「若者たち」が存在するのが実態だろう。よって、取り上げるべきなのは、そうした「若者文化の多元性」ではないだろうか。

そこで、本章では、「いくつもの若者たち」をとらえること、すなわち若者文化の多元的な理解可能性を探ることを目的としてみたい。中でも、ここでは若者文化と都市との結びつきを再考してみたい。その上で、実証的な質問紙調査の結果に基づき、都市と地方の若者文化の実態を比較検討していくこととする。

1－2　「若者文化」の「多元性」

さて、「若者文化のとらえ方」をとらえなおすのであれば、どういったとらえ方が必要だろうか。そのために、ここで提示したいのは「文脈化」というとらえ方である。いわば論ずるための土台を整えるということである。何を基準にしてそのような論じ方が可能になるのか、それに十二分に自覚的でいれば、場当たり的に一元化することもなくなるはずである。それは、「中範囲」の若者文化論、といってもよいだろう。巨視的に、若者をすべて一元化してとらえてしまうのでもなく、あるいは微視的に、個人的な話に落とし込むのでもなく、むしろ何らかの文脈を定めた上で、その中で「若者文化の多元性」をとらえていくということである。

ここでいう「文脈化」について、主に二つの方向がありえるだろう。いわば「タテの文脈化（歴史的な理解）」と「ヨコの文脈化（同時代的な比較）」である。

「若者文化」についていえば、前者に関して重要な取り組みがいくつかなされており、過去と比べて、「若者文化」がどのように変化してきたか、いくつかの検討が重ねられてきた。

例えば、社会学者の岩間夏樹は著書『戦後若者文化の光芒』の中で、団塊世代、新人類世代、団塊ジュニア世代と続く若者文化の特徴について、世代ごとの「差異化コード」を取り出しながら、社会環境の変化に適応するための「コミュニケーションの進化史」として描き出している。いわば団塊世代においては、「戦前／戦後」といった価値観の相違が明確化する中で「大人／若者」といった「（世代間分化に関する）差異化コード」が中心的であったのが、消費社会を生きる新人類世代にいたると、同じ若者の間での「流行に敏感な新人類／そうでないオタク」といった「（世代内分化に関する）差異化コード」が中心化してきたのだという（岩間 1995）。

あるいは社会学者の難波功士は、著書『族の系譜学』において、太陽族、みゆき族や暴走族といった、それこそ「若者文化」を場当たり的かつ一元的にとらえてきた「〇〇族」といった呼称を、系譜学的に体系立てて整理し直している（難波 2007）。

あるいは「若者文化」を実証的に把握する、大規模な統計プロジェクトには、数十年前から続けられているものもある。国が実施したものでいえば、一九七〇～一九九〇年にかけて五年おきに行われた『青少年の連帯感に関する調査』は、その後『青少年の生活と意識に関する基本調査』に多くの内容が引き継がれたし、あるいは『世界青年意識調査』も一九七二年から五年ごとに行われ、現在では、『我が国と諸外国の若者の意識に関する調査』に引き継がれている。さらに地方自治体の実施したものとして、一九七六～一九九七年にかけて行われた『東京都青少年基本調査』などもあげられよう。

だがその一方で、「ヨコの文脈化（同時代的な比較）」の取り組みはまだ十二分に深められてきてはいないようだ。

やはり一口に「若者」といっても、内実は多様である。よくある話として、大学の講義の中でいわゆる「若者文化」論を紹介すると、あたかも他人事のような感想が返ってくることがある。「若者はスマホの危険性に十二分に自覚的でなければならないと思った」「フリーターは自分の将来についてしっかりとした考えを持つべきだと思った」といったように。

彼らには共感的な理解力や想像力が欠けている、と嘆くことも可能だが、それ以上に、多様な実態を描ききれていないとらえ方にも問題があるのだろう。彼らのメッセージを好意的に解釈するならば、「そういう若者もいるかもしれないけど自分は違いますよ」とか「そういう若者だけが全てじゃありませんよ」ということではないだろうか。

例えばスマホでいえば、頻繁にLINEなどを使うのはどちらかといえば若い女性たちだといわれている。それをすべからく「若者文化」としてひとくくりにされたくはないのだろう。もしかすると、そうした一元化された理解の陰で、何がしか参考になるような変化が見落とされている可能性もある。いわば私たちは、「若者文化」のとらえ方をとらえなおさなければならないタイミングにあるのだ。

では今、何が必要だろうか。さしあたり「若者文化の多元性」の実態を、あるがままに描き続けていくことではないだろうか。スマホにはまる若者がいればそうでない若者もいる。フリーターの若者もいれば、堅実な「資格志向」の若者もいる。果たしてそこにはどんな違いがあるのか。ジェンダーによっても異なるだろうし、居住地域によっても異なるだろう。これらを比較して「ヨコの文脈化」を図っていくことで、現状の理解をより深めることができよう。

また、こうしたとらえ方を継続的に積み重ねていくことで、将来的には「ヨコの文脈化」と「タテの文脈化」を組み合わせることも可能なはずだ。そうすれば、やすやすと「近頃の若いものは……」と断じてしまうことは防げよう。なぜなら、それが過去の時点と比べて果たして本当に新しい現象なのか、それとも本当はあまり変わっていないのか、あるいは若者全体の特徴として断言してよいのか、といった点が検討可能になるからである。

そのためにも、私たちは「若者文化」を一元化しようとするとらえ方、そこに潜む思い込みを一つずつ解きほぐしていかなければならない。そうした思い込みには、知らぬ間に再考が必要になったものも多いはずである。

2　一元的な「若者文化」論再考

2-1　「若者文化=都市文化」というとらえ方

さて、ここで本章が注目したいのは、「若者文化」をイコール「都市文化」とみなすとらえ方である。例えば私たちは、次のような思い込みを抱いてはいないだろうか。すなわち、大都市の「若者文化」は常に消費をリードし流行を発信し続けており、それゆえに地方の若者たちは、日々不満を募らせながらいつか上京することを夢見ている……といったように。

もちろん、こうしたとらえ方にはそれなりの理由がある。戦後の日本社会において、「若者文化」は都市から始まったからである。岩間によれば、およそ一九五〇〜六〇年代に団塊世代が上京し始めた頃がそれにあたる（岩間 1995）。当時の「若者文化」に関する議論としては、例えば社会学者の見田宗介による「まなざしの地獄」が知られていよう。見田は同論文において、上京した若者たちの都市における存在の不安感と、それを犯罪によってしか埋め合わせようが無かった死刑囚N・Nの様子を的確に描き出している（見田 1979）。

あるいは都市社会学者の高橋勇悦は、東京を、ある時期まで常に年齢構成において若者のしめる割合が高かったことから「青年都市」と呼び表し、さらに都市の若者たちの特性を「マージナル・

マン」という概念を用いて論じている。「マージナル・マン」とは、狭間に位置づけられて存在の不安感を抱えた人々という意味だが、都市の若者たちは、大人と子どもとの狭間だけでなく、出身地方と都市との狭間にも置かれていて、二重の意味での「マージナル・マン」なのだという（高橋2005）。

やがて高度経済成長期を過ぎて消費社会が到来すると、集団就職のような大規模な移動はなくなるものの、今度は都市が「若者文化」の最先端になる。いわば一九八〇年代から九〇年代にかけての渋谷などは、まさにそうした例といえるだろう。このようにして、戦後の日本における「若者文化」は、長きに渡って都市と強い結びつきを持ってきた。

そしてそのことは「若者文化」のとらえ方にも大きな影響を及ぼしてきた。先に紹介した高橋を代表に結成された青少年研究会は、一九九二年及び二〇〇二年と二〇一二年に大規模な統計調査を実施したが、これらはいずれも大都市部に居住する若者を対象としたものであった（高橋監修1995；富田・藤村編 1999；浅野編 2006；岩田ほか編 2006；藤村ほか編 2016 などを参照）。

さらに社会学者の宮台真司や先に紹介した岩間を中心とするグループが、一九八〇年代末〜九〇年代にかけて若者たちの消費行動を把握するために実施した統計調査も、大都市部の大学生を対象としていた（宮台ほか 1992；宮台・石原・大塚 1993 などを参照）。このように「若者文化」の実態調査は、特別な目的のない限り、大都市部を対象にしてなされることが多かったように思われる。

2-2 「若者文化＝都市文化」という一元化論への疑問

しかしながら時代がたつにつれ、こうした見方に疑問が提示されるようになってきたのも事実である。その骨子をまとめるならば、本当に、都市の最先端とされる若者だけを若者として理解してよいのか、あるいはそこから「若者文化」を一元化して理解してよいのかというものである。

例えば社会学者の新井克弥は、先の宮台らの調査を批判して「なんで君らの仲間が若者の全体像になるの？　地方の、都会の〝ボンクラ〟な大多数の若者はどうなるの？」（小谷敏編 1993：200）と指摘していた。また社会学者の伊奈正人は、著書『サブカルチャーの社会学』において、地方都市における「若者文化」の丹念なフィールドワークの成果を紹介したうえで、こうした「サブカルチャー」の存在意義を強く主張していた（伊奈 1999）。

また、マーケッターの立場からこれまでのとらえ方に疑問を唱えるものもいる。いわゆる「下流社会」論などで知られる三浦展は、著書『ファスト風土化する日本』において次のように述べていた。

地方が消費をリードしている……いまはむしろ地方に住む「中の中」の階層の、ごく平均的な人々が何を買い、何をするかが、都市の住む人々の消費や生活のスタイルを規定するという時代になった（三浦 2004：146-147）

すなわち三浦は、ユニクロのようなファストファッション、あるいは一〇〇円ショップといったすでになじみ深いものとなったライフスタイルが、実はみな地方発であり、そうした事実に基づき、すでに地方も消費社会化が進んでおり、むしろ昨今の消費行動は地方発信になりつつあると指摘したのである。三浦は著書『ニッポン若者論』（三浦 2010）においてさらに詳細に、こうした傾向を指摘しており、さらに社会学者の阿部真大は、著書『地方にこもる若者たち』（阿部 2013）において、もはや地方は「そこそこ楽しいパラダイス」であり、だからこそ若者たちは地方に「こもる」ようになりつつあるのだと指摘していた(1)。

たしかに、かえって地方の実態を一元化してしまっては問題があるかもしれないが、これらの指摘は十二分に検討に値するものだといえるのではないだろうか。

では次に、こうした論点を元にして、実際の調査結果に基づきながら、都市と地方の「若者文化」の実態比較を試みよう。そこから「ヨコの文脈化」を広げていこう。

3　比較実態調査の試み

3-1　調査概要・目的

本章で結果を検討するのは、二〇〇五年一一月二日～一六日（のち二五日まで延長）に、東京都杉並区及び愛媛県松山市に在住する二〇歳の男女各一〇〇〇名（選挙人名簿を元にした層化二段無作為抽出法）を対象として行われた「若者の生活と文化に関する調査」である。調査主体は松山大学人文学部社会調査室であり、配布・回収とも郵送法を用い、有効回答数（率）は、東京都杉並区二六六名（二六・六％）、愛媛県松山市二四九名（二四・九％）であった。調査地域については、大都市圏と地方都市の比較という観点からこの二地域を選定した(2)。

データとしては少し前の時点のものにはなるが、やや先取りすれば、そこからはむしろ二〇〇〇年代の早い段階で、すでに「地元志向」の芽生えが明らかになるだろう。

3-2　主な質問項目など

質問項目の内容については、大きく二つに分かれている。まずそれぞれの地域の「若者文化」の全体的な特徴を捉えるための、①全般的な意識と行動の実態に関する項目があり、加えて、注目すべきテーマとして②文化的な活動の実態に関する項目を設けた。前者に該当するのは、「パーソナリティー・自己意識」、「対人関係（友人数など）」「社会意識（生活全般の満足度、居住地域への愛着）」に関するものであり、後者に該当するのは、「メディア接触（利用実態、好きなアーティストなど）」や「趣味活動など」に関するものである(3)。

さらに具体的にいえば、先に紹介した宮台・岩間グループが一九九〇年に大都市の大学生を対象に行った調査（以下、「九〇年調査」）の項目を中心に、場合に応じて、青少年研究会が一九九二年および二〇〇二年に大都市の若者を対象に行った調査（以下、「青少年研調査」）の項目などを参照した(4)。

3－3　回答者の主要属性

各地域の回答者の主要な属性に関する傾向は次の図表6－1～図表6－3の通りである。図表6－1にあるように、性別については、いずれの地域も、女性の割合がやや高い（東京：松山＝一四二名五三・四％：一四八名五九・四％）。またほとんどが結婚しておらず、親と同居している若者も多い。図表6－2にあるように、学歴としては大学生が最も多く、職業については、多くを「生徒・学生」が占めている。さらに図表6－3にあるように、暮らし向きはいずれも「中の上」と答える割合が高く、また一ヶ月間の可処分所得については、いずれも「五〇〇〇〇円以内」と答えたものの割合が高かった。

4　調査結果

次に、調査結果について、①全般的な意識と行動の実態に関する項目と②文化的な活動の実態に関する項目に大きく分けながら、特に地域差に注目して検討を進めていくことにしよう。

図表6－1　主要属性①（性別・結婚・同居）

	東京（n=266）		松山（n=249）	
F1 ①．性別	度数	%	度数	%
1. 男性	123	46.2	100	40.2
2. 女性	142	53.4	148	59.4
9. 無回答	1	0.4	1	0.4
F1 ②．結婚	度数	%	度数	%
1. 結婚していない	258	97.0	239	69.0
2. 結婚している	5	1.9	9	3.6
9. 無回答	3	1.1	1	0.4
F1 ③．親との同居	度数	%	度数	%
1. 同居している	190	71.4	142	57.0
2. 同居していない	71	26.7	102	41.0
9. 無回答	5	1.9	5	2.0
合計	266	100.0	249	100.0

図表6－2　主要属性②（学歴・職業）

	東京（n=266）		松山（n=249）	
F3．最終学歴	度数	%	度数	%
1. 中学校	6	2.3	4	1.6
2. 高校	21	7.9	59	23.7
3. 専門・各種学校	37	13.9	44	17.7
4. 短大・高専	12	4.5	28	11.2
5. 大学・大学院	183	68.8	113	45.4
6. その他	3	1.1	0	0.0
9. 無回答	4	1.5	1	0.4
F4．職業	度数	%	度数	%
1. 生徒・学生	233	87.6	182	73.1
2. 常勤の会社員・団体職員	7	2.6	25	10.0
3. 公務員	1	0.4	1	0.4
4. 契約社員・嘱託	0	0.0	5	2.0
5. 派遣社員	0	0.0	3	1.2
6. パート・アルバイト	14	5.3	15	6.0
7. 自営業主・家事手伝い	1	0.4	2	0.8
8. 自由業者	1	0.4	0	0.0
9. 専業主婦（主夫）	0	0.0	3	1.2
10. 無職	3	1.1	6	2.4
11. その他	3	1.1	5	2.0
99. 無回答	3	1.1	2	0.8
合計	266	100.0	249	100.0

図表6－3　主要属性③（暮らし向き・所得）

	東京（n=266）		松山（n=249）	
F10. 実家の暮らし向き	度数	%	度数	%
1. 上	23	8.6	13	5.2
2. 中の上	167	62.8	124	49.8
3. 中の下	61	22.9	97	39.0
4. 下	12	4.5	9	3.6
9. 無回答	3	1.1	6	2.4
F11. 一ヶ月の可処分所得	度数	%	度数	%
1. 10000 円以内	29	10.9	42	16.9
2. 20000 円以内	41	15.4	51	20.5
3. 30000 円以内	63	23.7	43	17.3
4. 50000 円以内	69	25.9	52	20.9
5. 70000 円以内	35	13.2	34	13.7
6. 100000 円以内	18	6.8	8	3.2
7. 100001 円以上	10	3.8	18	7.2
9. 無回答	1	0.4	1	0.4
合計	266	100.0	249	100.0

4－1　生活全般の満足度と居住地域への愛着

まず私たちの思い込みと違って、差がみられなかった項目から紹介したい。一つ目は生活満足度である。「現在の生活には満足している」という項目に対して、「あてはまる」「まああてはまる」と答えたものの割合を合計すると、東京では五九・八％、松山では五四・二％となり差がみられなかった。またこの結果については、青少年研究会が同じく東京都杉並区で二〇〇二年に実施した調査でも五六・七％という結果が得られており、若者たちの生活満足度は、比較的高い水準にあり、さらに都市と地方との差がみられないということがわかる（図表6－4）。

二つ目に、居住地域への愛着にも差が見られなかった。「今、住んでいるまちが好きだ」という項目に対して、「あてはまる」「まああてはまる」と答えたものの割合を合計すると、東京では八二・三％、松山では七八・七％と差がみられなかった。これも

図表６－４　「現在の生活には満足している」n.s.

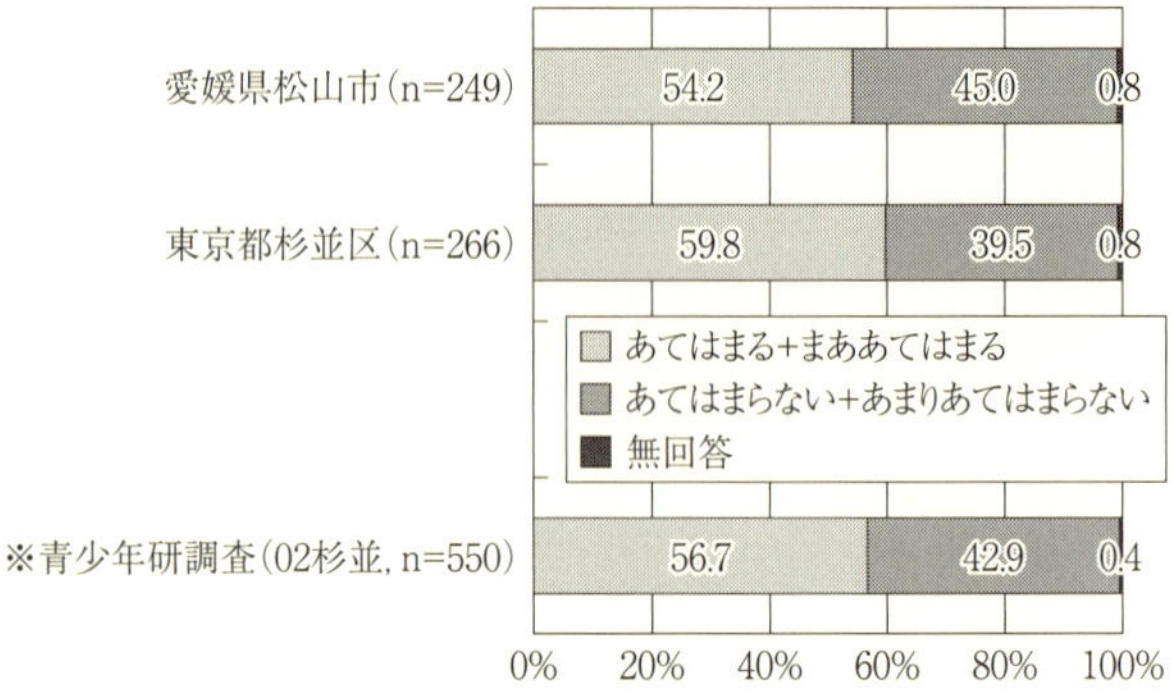

図表６－５　「今、住んでいるまちが好きだ」n.s.

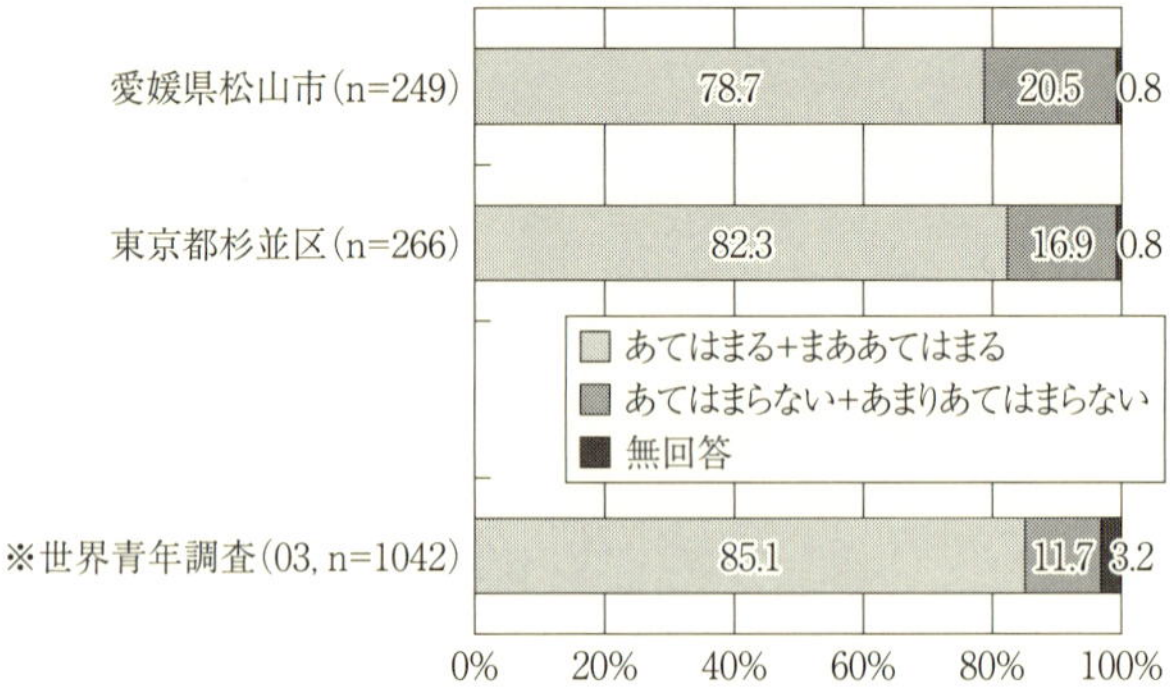

注：なお、クロス表分析や平均値の比較などにあたっては、その結果について、適宜、統計的検定を行った。またその結果については、図表中にアスタリスクを用いて以下のように記すこととする。すなわち、*** = 0.1% 水準で有意（$\alpha < 0.001$）、** = 1% 水準で有意（$\alpha < 0.010$）、* = 5% 水準で有意（$\alpha < 0.050$）、※ = 10％水準で有意（$\alpha < 0.100$）、n.s. = 有意差なし、である。また、χ 二乗検定については、クロス表のセルの期待値が５以下になるのを防ぐため、適宜、カテゴリーを統合したり無回答を除いたりし、t 検定については極端に大きい値を除いたりした。

また、世界青年意識調査が全国の若者を対象に二〇〇三年に実施した際も、八五・一%という結果が得られており、若者たちの居住地域への愛着は八割前後のかなり高い水準で推移し、都市と地方の差がみられないことがわかる（図表6-5）。

またその他にも、こうした結果と関連してか、「地方よりも東京のにぎやかな暮らしのほうが好きだ」という項目に対して、「あてはまる」「まああてはまる」と答えたものの割合を合計すると、東京では五九・〇%に対し、松山では二〇・五%と、むしろ東京のほうが高くなっていた（〇・一%水準で有意）。このような傾向からすると、「地方の若者は現状に不満を覚え上京したがっている……」といった「上京志向」はあまりみられないことがわかる。むしろ、都市の若者も地方の若者も、それぞれの居住地域に愛着を覚え、なおかつ高い生活満足度を持っている。ここからは、いわば「地元志向」のようなものの高まりが伺え、これまでに私たちが思い込んでいたのとは、ずいぶんと異なった実態がみられよう。

4-2　対人関係の実態と自己意識

しかしだからといって、都市と地方の「若者文化」がまったく同じになるわけでもないようだ。例えば対人関係の実態について、友人数を親しさの度合い別にみてみると、いずれにおいても、東京のほうが松山を上回っていることが分かる（図表6-6）。

だが、さらに重要なのは、こうした対人関係に培われた考え方や態度からみえてくるものだ。そ

図表6－6 「あなたが知っている人のなかで、以下のそれぞれにあたる人は、何人ずついますか。具体的な人数を記入してください。」

	地域	n	平均値	標準偏差	最頻値	最小値	最大値
q40.1. 親友の人数※	愛媛県松山市	244	3.5	2.4	2	0	14
	東京都杉並区	264	4.0	3.7	2	0	30
q40.1sa. 同性の親友の人数*	愛媛県松山市	229	3.2	2.1	2	0	11
	東京都杉並区	232	3.8	3.0	2	0	25
q40.1di. 異性の親友の人数**	愛媛県松山市	229	0.4	0.9	0	0	5
	東京都杉並区	232	0.7	1.4	0	0	13
q40.2. 仲のよい友人の人数*	愛媛県松山市	235	14.9	14.2	10	0	151
	東京都杉並区	262	18.5	17.7	10	0	100
q40.3. 知り合い程度の友人の人数***	愛媛県松山市	229	44.8	54.5	20	0	300
	東京都杉並区	252	64.5	68.0	20	0	350

してそこには新たな差異も生じつつあるようだ。

例えば、「「自分のことをもう大人だ」と思う」という項目に対して、「あてはまる」「まああてはまる」と答えたものの割合を合計すると、東京では三八・三％と四割近かったが、松山では二八・九％と三割程度で、やや差が開いていた（図表6－7）。また「一般に自分の感覚に自信がある」という項目に対して、「あてはまる」「まああてはまる」と答えたものの割合は、東京で六八・〇％と七割近くに達したのに、松山では四八・六％と半数弱に留まっていた（図表6－8）。

さらにこれと関連してか、「差異化志向（自分らしさを出すことが好き）」については、東京のほうが割合が高く（図表6－9）、逆に「同調志向（他人と同じことをしていると安心）」については松山のほうが割合が高いという結果が出た（図表6－10）。ここからは、東京の若者のほうがあたかも「自信に溢れた大人派」であり、松山のほうが「遠慮気味な群れたがり派」とでもいうべき傾向がうかがえよう。

たしかに、大都市のほうが人口も多く密度も高い分、接触頻

図表6－7 「自分のことを「もう大人だ」と思う」*

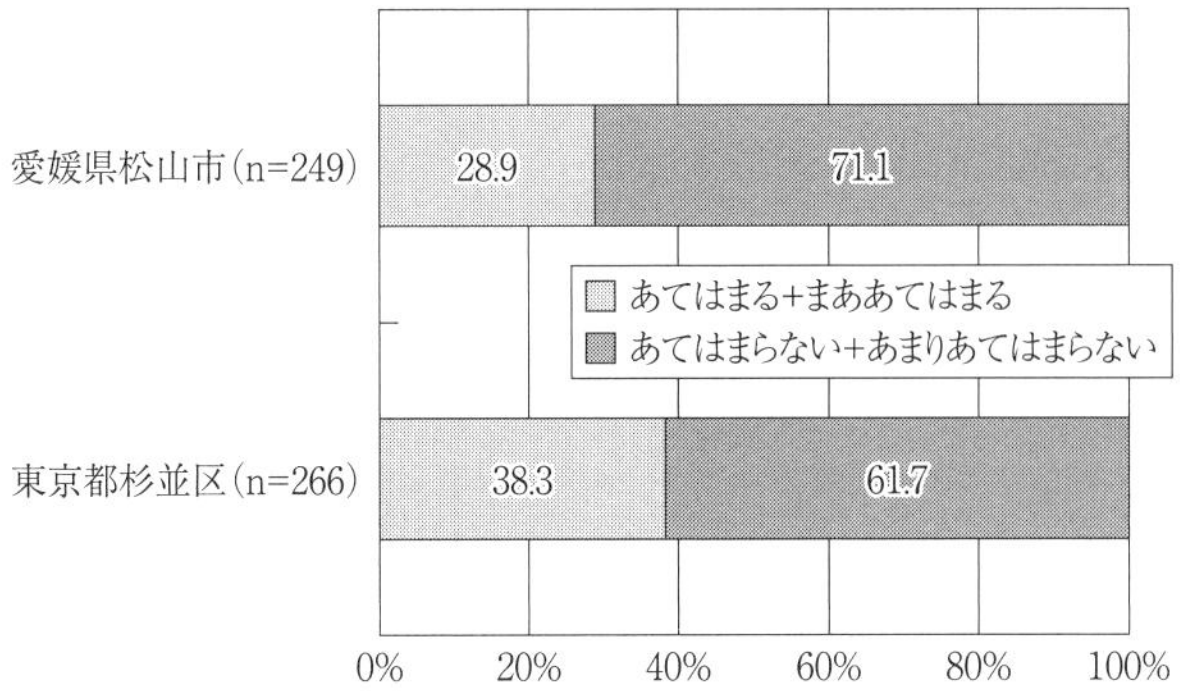

図表6－8 「一般に自分の感覚に自信がある」***

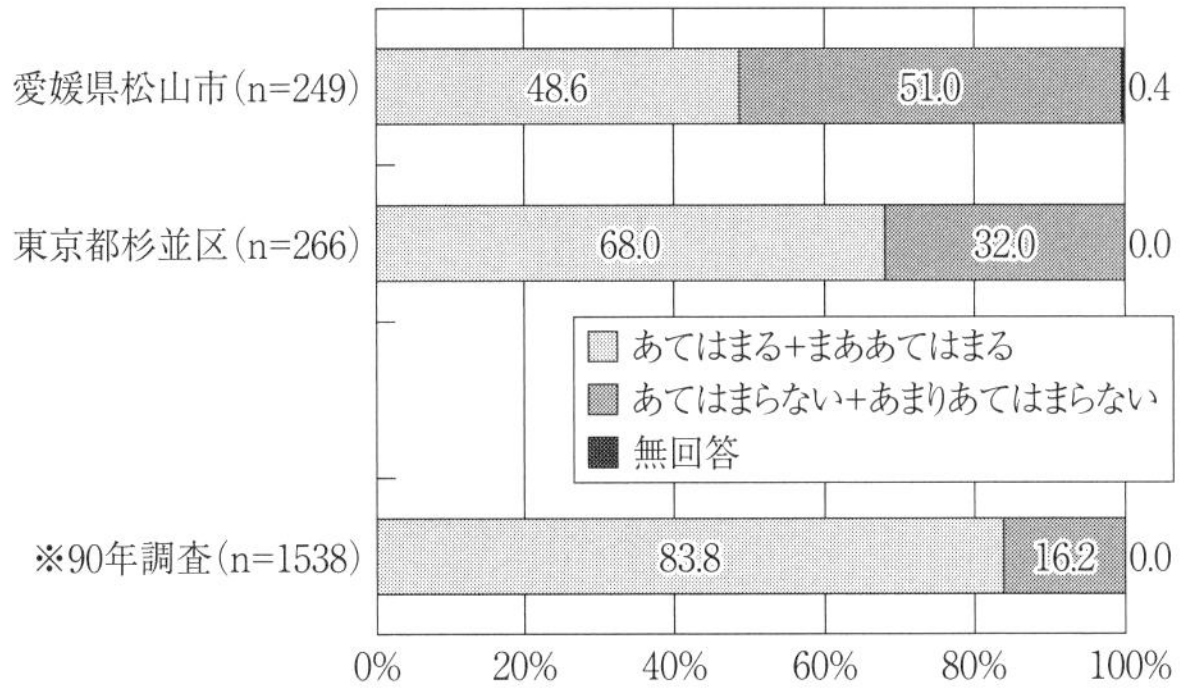

図表6－9 「自分らしさを出すことが好きだ」**

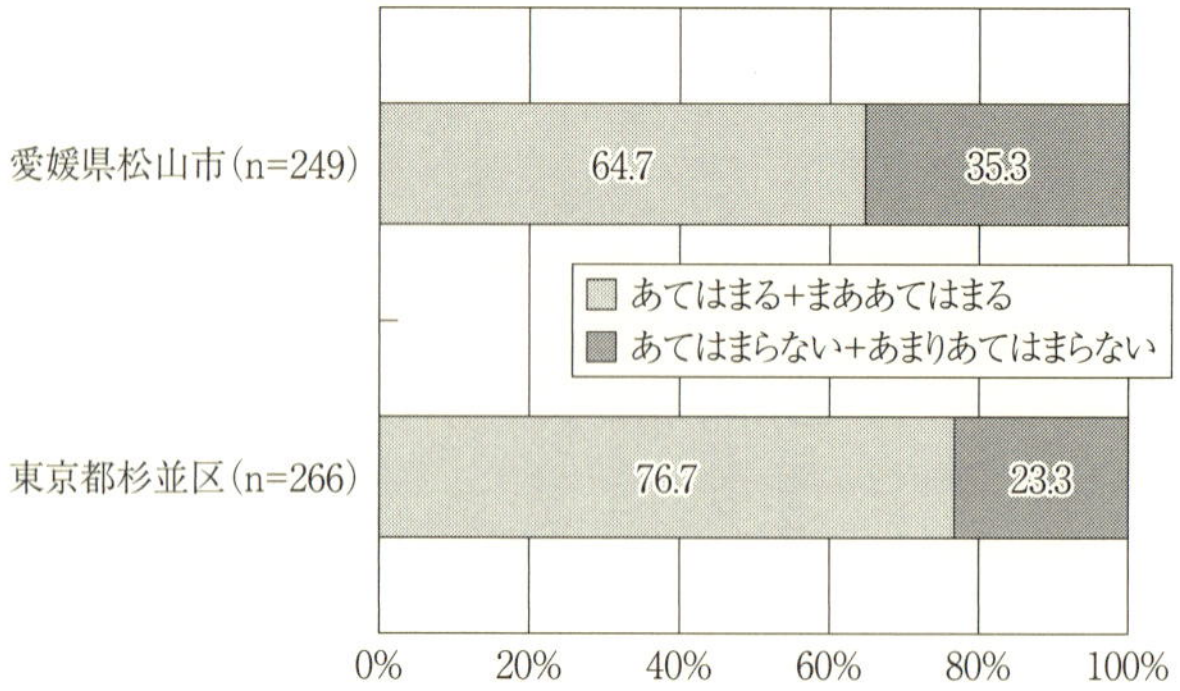

図表6－10 「他人と同じことをしていると安心だ」**

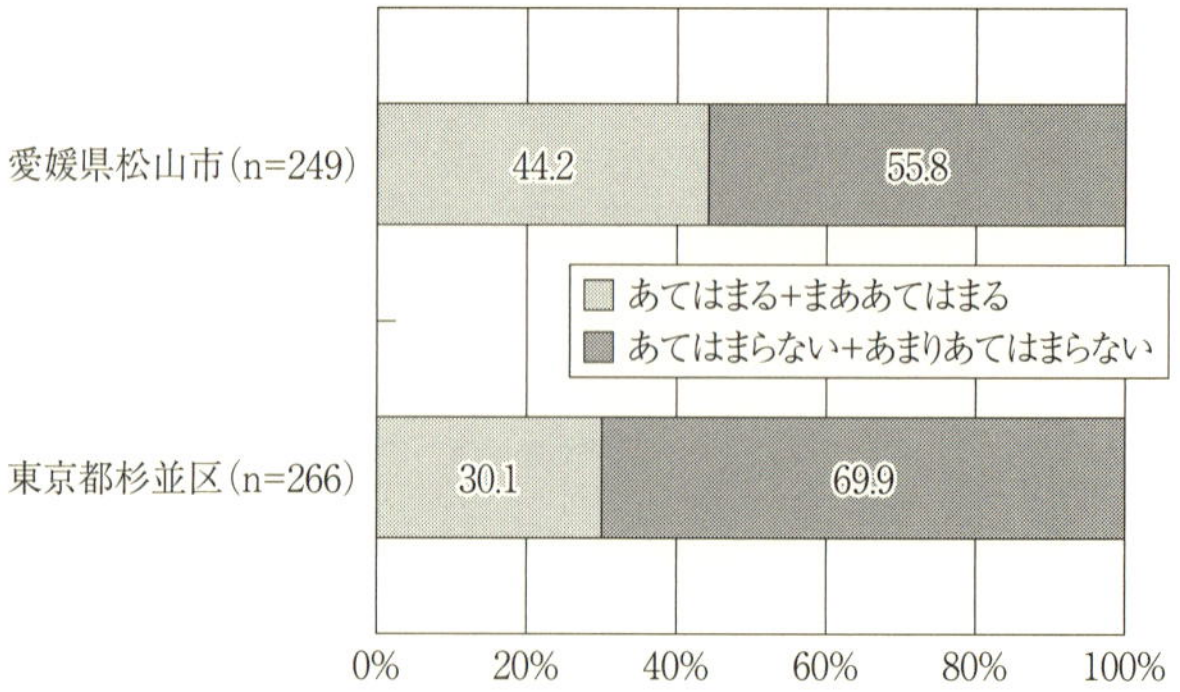

度が増し、結果的に友人数が多くなることは想像に難くない。しかしながら、だからといって東京の若者のほうが、より多くの友人と「和」を保っているというわけでもないようである。むしろ、ここでの結果からするならば、東京のほうが接触頻度の高い分だけ、その中で「他人とは違った自分」というものを意識せざるを得ない環境におかれているのだと考えることができよう。

4-3　文化や趣味活動

こうしたものの考え方や態度の違いは、日常の文化的な活動に関する違いにも現れているようだ。例えば、いささか極端な例かもしれないが、「自分には「オタク」っぽいところがあると思う」という項目に対して、「あてはまる」「まああてはまる」と答えたものの割合を合計すると、東京では四六・六％と五割近かったが、松山では三五・七％と四割程度に留まっていた（図表6-11）。この項目は宮台・岩間グループが「九〇年調査」で用いたものであり、当時はわずか一割程度しかいなかったことからすると、「オタク」という存在の増加傾向がうかがえると同時に、そこには都市と地方の明確な差が認められよう。やはり都市の若者のほうが、自分の世界観を持ち、その分だけ個別に分散しやすいのかもしれない。

よって地方の若者のほうが、逆に群れ集うタイプの趣味を好む傾向にあるようだ。例えば「あなたの現在の趣味は何ですか（一位～三位までの合計）」という項目について（図表6-12）、どちらも一位は「音楽鑑賞・オーディオ」で東京四五・九％に対し松山四九・四％と差がなかったが、「カ

図表6-11 「自分には「オタク」っぽいところがあると思う」*

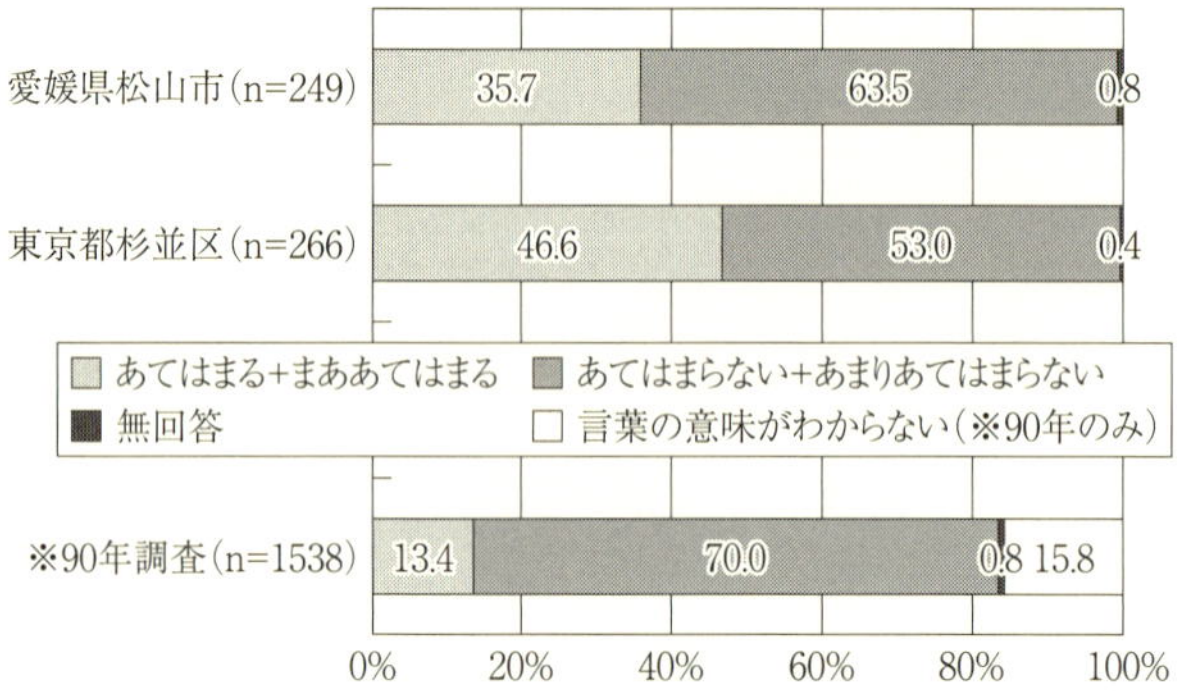

ラオケ」については、東京八・三%に対して松山二〇・一%と倍近く割合が異なり、逆に「小説・文学・哲学の読書」については、東京二四・八%に対して松山一二・〇%とこれまた倍近く異なっていた（いずれも0・1%水準で有意）。群れ集うタイプの趣味が松山で好まれ、逆に一人で楽しむタイプの趣味が東京で好まれていることがわかる。

さらにそれと関連してか、好きなアーティストでも違いがみられた。東京では、一位「Mr.children」、二位「aiko」、三位「BUMP OF CHICKEN」と続き、比較的バラバラに分かれ、まとまった傾向が見られなかったが、松山では一位「ORANGE RANGE」、二位「倖田來未」、三位「ケツメイシ」「浜崎あゆみ」と続き、とりわけ一位と二位は当時の日本ゴールドディスク大賞の受賞アーティストであり、まさしくヒットチャートをそのままなぞったような結果となった（図表6-13）。

図表6－12 「あなたの現在の趣味は何ですか。(1位～3位までの合計)」

	愛媛県松山市（n=249）	東京都杉並区（n=266）
1. 音楽鑑賞・オーディオ	49.4	45.9
2. 楽器演奏	6.0	14.3
3. 映画や演劇	19.3	18.8
4. スポーツ観戦	6.8	9.0
5. 自分でやるスポーツ	16.5	24.1
6. マンガ	20.5	17.3
7. アニメ	3.6	6.8
8. ゲーム	24.5	16.9
9. カラオケ	20.1	8.3
10. ポエム・エッセイ	0.8	1.1
11. ライトノベルの読書	1.2	3.8
12. 小説・文学・哲学の読書	12.0	24.8
13. 囲碁・将棋・チェス・トランプ	0.8	0.0
14. 鉄道関係	0.0	1.5
15. プラモデル・ラジコン・工作	2.0	1.5
16. グッズのコレクション	0.0	0.0
17. 麻雀・パチンコ・パチスロ	6.8	2.3
18. 競輪・競馬・オートレース	0.8	1.5
19. 釣り	3.2	0.0
20. ガーデニング	0.8	0.0
21. 料理作り	7.6	4.1
22. 食べ歩き	4.0	5.6
23. ウィンドーショッピング	14.9	13.9
24. ファッション	21.3	21.1
25. 写真撮影	1.2	1.9
26. ドライブ・ツーリング	15.7	4.9
27. 国内旅行	4.4	3.0
28. 海外旅行	0.0	1.9
29. アイドルやタレントのおっかけ	0.8	1.9
30. インターネット	18.5	24.8
31. その他	8.8	12.4

図表6－13 「あなたが好きな音楽家（歌手、グループ、バンド、演奏家、作曲家、プロデューサー等）をご記入ください。」

愛媛県松山市（n=249）			東京都杉並区（n=266）		
1位	ORANGE RANGE	6.4	1位	Mr.children	6.0
2位	倖田來未	5.6	2位	aiko	3.4
3位	ケツメイシ	4.8	3位	BUMP OF CHICKEN	3.0
3位	浜崎あゆみ	4.8	4位	ゆず	2.6
5位	Mr.children	4.0	5位	ケツメイシ	2.3
6位	B'z	3.2	5位	スピッツ	2.3
7位	ゆず	2.4	7位	B'z	1.9
8位	KAT-TUN	2.0	7位	サザン・オールスターズ	1.9
8位	大塚愛	2.0	9位	JUDY AND MARY	1.5
10位	aiko	1.6	9位	ORANGE RANGE	1.5
10位	BUMP OF CHICKEN	1.6	9位	レミオロメン	1.5
10位	EXILE	1.6	9位	安室奈美恵	1.5

図表6－14 「あなたはこの一ヶ月の間に、次にあげるメディアを使っていましたか。使っていた方は、一日平均でどれくらい使っていましたか。具体的な数字をご記入ください。」

	地域	n	平均値	標準偏差	最頻値	最小値	最大値
q34.1sum. テレビの合計利用時間（分）**	愛媛県松山市	238	190.5	136.0	120	0	720
	東京都杉並区	259	153.1	117.6	120	0	720
q34.2sum. テレビゲームの合計利用時間（分）n.s.	愛媛県松山市	180	45.2	86.7	0	0	600
	東京都杉並区	202	33.7	72.5	0	0	480
q34.3sum 固定電話の合計利用時間（分）n.s.	愛媛県松山市	176	6.6	27.8	0	0	240
	東京都杉並区	213	6.9	19.3	0	0	150
q34.4sum. 携帯電話の合計利用時間（分）*	愛媛県松山市	241	42.3	86.5	10	0	720
	東京都杉並区	261	30.2	48.4	10	0	400
q34.sq1.2. 携帯メールの送受信数 n.s.	愛媛県松山市	242	23.6	28.1	10	0	200
	東京都杉並区	262	21.1	23.7	10	0	200
q34.sq2.1.2. 携帯メモリーの登録件数***	愛媛県松山市	237	106.7	71.0	100	0	350
	東京都杉並区	260	140.8	94.1	100	0	600
q34.sq2.2.2. 携帯メモリーのグループ分け数 n.s.	愛媛県松山市	232	6.3	4.8	0	0	20
	東京都杉並区	254	6.6	4.8	0	0	27
q35.sum. インターネットの合計利用時間（分）n.s.	愛媛県松山市	232	83.5	104.7	60	0	720
	東京都杉並区	258	84.7	92.7	60	0	720

4－4　メディア利用について

次に、メディアの利用実態についてみてみよう。図表6－14は、主なメディア（テレビ、テレビゲーム、固定電話、携帯電話、インターネット）の利用実態について、それぞれの利用時間を比較したものである（携帯電話だけ、メールやメモリーの登録件数についても比較した）。

全体を通して、目立った差がみられないという点が特徴的であるが、その中で、東京のほうが多いものとしては、携帯電話の利用時間やメモリーの登録件数が挙げられる。これは友人数の多さなどと関連したものと考えられよう。また逆に、テレビの利用時間は松山のほうが多くなっているのが分かる。

携帯電話というメディアが、きわめて個人的に利用されやすいものであり、一方でテレビが、ほかの若者の視聴を前提に楽しむようなメディアであるとするならば、先に指摘した、群れ集うタイプの文化的活動が松山で好まれ、逆に一人で楽しむタイプのものが東京で好まれているという傾向が、メディアの利用にもうかがえるといえるのではないだろうか。

5　まとめ・今後の課題

5-1　まとめ

ここまでの調査結果をまとめると、大きく分けて、東京と松山の間で差のみられなかった項目と差の目立った項目があったといえるだろう。

前者に該当するのは、生活全般の満足度や居住地域への愛着である。これらに差がみられなかったことから、いわゆる「上京志向」が終焉に向かい、「地元志向」がすでに高まっている様子がうかがえた。

後者に該当したのは、例えば、対人関係に関する意識でいえば、東京の方が差異化志向、さらに松山の方が同調志向が強かったということである。この点は、日常の文化的活動とも関連していた。例えば東京では、一人で楽しむような趣味の割合が高かったり、あるいはいわゆる「オタク」の割合が高かった。一方、松山の方が、カラオケのような仲間とともに楽しむタイプの趣味の割合が高くなっていたり、あるいは好きなアーティストでも、誰もが知っているようないわゆる「売れ筋」

のアーティストが上位を占めていたりした(5)。

この点を、先に紹介した三浦展の『ファスト風土化する日本』における議論をふりかえりながら、当てはめてみよう。

三浦は「地方が消費をリードしている」と述べた上で、今日ではそうした地方の消費傾向が「都市に住む人の消費や生活のスタイルを規定するという時代になった」(三浦 2004: 146–147)とまで述べていた。たしかに、ここでの調査結果からしても、同調志向の強さもあり、あるまとまった消費行動、文化的活動は、むしろ地方の「若者文化」において目立っていたといえるかもしれない。その点では「地方が消費をリードしている」という指摘は妥当かもしれない。

しかしながら、そうした一元化したとらえ方を拡大して「都市に住む人の消費や生活のスタイルを規定」しているとまではいえないのではないだろうか。それは、先の好きなアーティストのランキングにおいて、必ずしも、東京の結果が松山と同じになっていないことからもうかがえよう。むしろ都市の「若者文化」は、先にも指摘した通り、差異化志向の強さもあって、かなり細分化が進んでおり、それこそ一元的に「規定」されにくくなっているのではないだろうか。

この点から、さらに一言踏み込みならば、何がしかの流行現象のようなものがみられた場合に、今日では、その拠点を探す発想の転換が必要なのかもしれない。いわば、かつてのように、都市から一方的に発信されてくるのでも、また逆転して地方から一方的に発信されてくるのでもないような、新しい状況が芽生えつつあるのかもしれない。

5－2　今後の課題

調査結果を振返ってみると、一見すると、「若者文化」の、あるいはその大きな流行の中心が、あたかも東京ではなくて地方に移ったかのように思わせる点があった。しかし、よく見直してみると、それは必ずしも妥当ではなかった。いずれにせよ今回の調査結果は、私たちに「若者文化」に対する思い込みをとらえなおしていかなくてはならないことを示していたのではないだろうか。

この点を繰り返せば、三浦展がいう地方が都市を規定し始めたという議論はさすがに言い過ぎであるだろう。いわば、それはまた新たな一元的なとらえ方になってしまいかねないのである。

確かに、都市と地方で差がなくなりつつある面がみられたのは事実である。しかし一方で、依然として差のある項目も多くみられていた。いわば都市の若者は「差異化志向」の文化を、地方の若者は「同調志向」の文化をそれぞれに花開かせていた。これらはそれこそ一元的に、どちらがいいとか悪いとかいうものでもなく、むしろ今みられるこうした違いが、今後どう変化していくのか、「ヨコの文脈化（同時代的な比較）」とともに「タテの文脈化（歴史的な理解）」を続けていくことが重要なのだろう。

そのためにも、私たちは多元化する「若者文化」に対して、一元的で場当たり的な思い込みを改めていかなくてはならない。そしてそのためにも、本章で触れてきたような「中範囲の若者文化論」から「若者文化の複数性」をとらえ続けていくことが重要であろう。具体的には、今後も「ヨコの文脈化」を継続しながら、「タテの文脈化」を豊かで実りあるものへとつなげていくことが必要だといえよう。末尾ながら、辻・大倉・野村（2016）の論文では、本章で紹介した調査結果に加え、その後継として実施された調査の結果もあわせて検討され、まさに「タテとヨコの文脈化」が深められており、関心のある方はぜひ参照してほしい。

※本章は、辻泉（2010）「地方の若者・都市の若者――愛媛県松山市・東京都杉並区二地点比較調査の結果から」『松山大学論集』松山大学総合研究所、22[1]：443-465．に加筆修正したものである。

注

（1）こうした動きの背景には、グローバル経済の進展や、それと連動した日本国内におけるいわゆる大店法（大規模小売店舗法）の緩和（のちに二〇〇六年に廃止）に伴う、特に地方や郊外におけるショッピングセンターの進展などがあることを忘れてはならないだろう。

（2）なお東京都内について杉並区（以下、文脈に応じて〝東京〟と略記することがある）を対象としたのは、平均的な住宅地の集まった地域であるということ、人口規模が松山市と近いということ、「若者文化」を対象とした先行の調査でも対象地になっていることなどによる。愛媛県松山市（同様に以下、〝松山〟）については、調査主体である松山大学の所在地ということもさることながら、はるか明治期、夏目漱石の『坊ちゃん』の昔から、代表的な地方都市として取りあげられてきたということによる。また、対象者を二〇歳の若者に限定したのは、第一に年齢による差をなくすことで、若者の中のタイプごとの対比を明確にさせるためであり、第二に若者として平均的な年齢であるという理由による（現役で進学した大学生なら二年生、高卒で就職した場合には社会人二年目にあたる）。

（3）なお、質問項目の作成に当たって心がけたことも記しておきたい。この調査では、なるべく関連する過去の調査の質問項目を参照したり、踏襲したりすることを心がけた。これには次のような積極的な目的があるからである。

すなわち、新たな調査プロジェクトが立ち上がった際、つい、質問項目を最初から作り出そうとしがちであるが、調査のテーマがある程度固まってきたなら、まずは関連する調査から質問項目を参照した方が効率がよい。

またこれは、単に効率化のためだけではなく、まさしく、先に述べた文脈化した理解を深めるための工夫でもある。参照した調査が過去に実施されたものなら、項目の文言をそろえて比較することで、果たしてその現象が増加傾向にあるのか減少傾向にあるのかといった「タテの文脈化（歴史的な理解）」が可能になるし、あるいは、異なった地域や対象者に実施されたものなら、地域間や複数の対象者間での同時代的な比較、すなわち「ヨコの文脈化」が可能になるのである。

特に「若者文化」に関しては、個々の現象が新奇にとらえられるため、場当たり的な調査がその都度繰り返されてきたきらいがある。しかしながら、すでにいくつもの調査が積み上げられてきた今日においては、関連しそうな過去の調査をまず探し出すことを優先した方がよいのではないだろうか（そもそも、あわてて捻り出した質問項目よりも、ある程度定評のある調査の質問項目の方が、よほど文章もこなれていて使いやすいことが多い）。

（4）主に「九〇年調査」からは、①全般的な意識と行動の実態に関するものの中でも、「パーソナリティー・自己意識」と「社会意識」に関する項目を、さらに②文化的な活動の実態に関するもののうち、「趣味活動など」に関する項目を参照した。同様に「青少年研調査」からは、①全般的な意識と行動の実態に関するもののうち、特に「対人関係（友人数など）」に関する項目と、②文化的な活動の実態に関するものの中の、「メディア接触（利用実態、好きなアーティストなど）」に関する項目を参照した。ただし、ワーディングに関しては多少改めたところがある。特に「九〇年調査」の場合、質問ごとに選択肢が異なっていたのだが、紙幅の都合上、今回の調査では「あてはまる〜あてはまらない」の四つの選択肢で統一し、比較に当たっては、「肯定的／否定的」にカテゴリーを統合した上で行うこととした。

（5）具体的にいえば、好きなアーティストとして挙げられていたのは、松山では一位がORANGE RANGEであり、二位が倖田來未であったが、前者は調査が行われた二〇〇五年に、後者もその翌年から二年連続して、「日本ゴールドディスク大賞」を受賞していた。つまり、全国的な「売れ筋」どおりのランキングの結果となっていたのは、むしろ松山のほうであった。

文献

阿部真大（2013）『地方にこもる若者たち——都会と田舎の間に出現した新しい社会』朝日新聞出版

新谷周平（2007）「ストリートダンスと地元つながり」本田由紀編『若者の労働と生活世界』大月書店：221-252

浅野智彦編（2006）『検証・若者の変貌』勁草書房

Fischer, Claude S.（1984）*The Urban Experience*, Harcourt Brace Jovanovich, 2nd ed.（=1996 松本康・前田尚子訳、『都市的体験——都市生活の社会心理学』未来社）

藤村正之・浅野智彦・羽渕一代編（2016）『現代若者の幸福——不安感社会を生きる』恒星社厚生閣

伊奈正人（1999）『サブカルチャーの社会学』世界思想社

井上俊（1977）『遊びの社会学』世界思想社

井上俊編（1998）『新版　現代文化を学ぶ人のために』世界思想社

岩間夏樹（1995）『戦後若者文化の光芒——団塊・新人類・団塊ジュニアの軌跡』日本経済新聞社

岩田考ほか編（2006）『若者たちのコミュニケーションサバイバル』恒星社厚生閣
北田暁大（2002）『広告都市・東京』廣済堂出版
北村三子（1998）『青年と近代――青年と青年をめぐる言説の系譜学』世織書房
木村直恵（1998）『〈青年〉の誕生――明治日本における政治的実践の転換』新曜社
小谷敏編（1993）『若者論を読む』世界思想社
轡田竜蔵（2011）「過剰包摂される地元志向の若者たち――地方大学出身者の比較事例分析」樋口明彦・上村泰裕・平塚真樹編『若者問題と教育・雇用・社会保障――東アジアと周縁から考える』法政大学出版局：183-212
Lewin, Kurt（1951）*Field Theory in Social Science: Selected Theoretical Papers*, Harper（＝1956 猪股佐登留訳『社会科学における場の理論』誠信書房）
見田宗介（1979）「まなざしの地獄」『現代社会の社会意識』弘文堂
宮台真司ほか（1992）『高度技術社会における若者の対人関係の変容』（平成三年度科学研究費補助金：重点領域研究『高度技術社会のパースペクティブ』研究成果報告書）
宮台真司（1994）『制服少女たちの選択』講談社
宮台真司・石原英樹・大塚明子（1993）『サブカルチャー神話解体』パルコ出版
三浦展（2004）『ファスト風土化する日本』洋泉社
三浦展（2010）『ニッポン若者論――よさこい、キャバクラ、地元志向』筑摩書房
森川嘉一郎（2003）『趣都の誕生――萌える都市アキハバラ』幻冬舎
難波功士（2007）『族の系譜学』青弓社
内閣府政策統括官（2004）『世界の青年との比較からみた日本の青年――第七回世界青年意識調査報告書』

柴野昌山（1990）『現代の青少年――自立とネットワークの技法』学文社
総合研究開発機構編（1983a）『若者の都市――大都市に生きる若者の意識と行動』学陽書房
総合研究開発機構（1983b）『地方都市青年層のライフスタイルと文化行動』総合研究開発機構
高橋勇悦（1974）『都市化の社会心理』川島書店
高橋勇悦監修、川崎賢一ほか編（1995）『都市青年の意識と行動』恒星社厚生閣
高橋勇悦（2005）『東京人の横顔』恒星社厚生閣
富田英典・藤村正之編（1999）『みんなぼっちの世界』恒星社厚生閣
辻　泉（2004）「ポピュラー文化の危機――ジャニーズ・ファンは〝遊べているのか〟」宮台真司・鈴木弘輝編著『21世紀の現実――社会学の挑戦』ミネルヴァ書房
辻　泉・大倉韻：野村勇人（2016）「若者文化20年間の「計量的モノグラフ」――「遠隔＝社会、対人性、個人性」三領域の視点から」『紀要　社会学・社会情勢学』中央大学文学部 26：43–79
山田真茂留（2000）「若者文化の析出と融解」宮島喬編『講座社会学7　文化』東京大学出版会

第七章　コスモポリタニズムの日常化

川崎賢一

1　新しいコスモポリタニズムと新しいアイデンティティ

古いいい方かもしれないが、〈宇宙船地球号〉の乗組員としての人類は、いろいろな意味で、お互いにかかわりを持ちながら、生活をせざるを得ない状況になった。ただ、欧米近代の基本的価値観である〈自由と独立〉と、バッティングせざるを得ない状況が生成してきていることも無視することはできない。近代の前期は、たくさんの人間的疎外を生み出し、労働者たちが人間的な扱いを受けなかった。彼らの戦いの中から、そして、いち早く中産階級に上昇した良心的な中産階級たちと結び付いて、より平等を目指した福祉社会が実現できるようになった。しかし近代後半は、かつてのような人間疎外は起きていないかもしれないが、コミュニケーション革命・認知革命が人間関係を決定的に変えつつある一方、時間材の不足や情報弱者を作り出すことにもなって来た。これらは、良い悪いは別にして、構造的に生み出された特色でもある。

このような状況の中で、好き嫌いにかかわらず、我々は国家を超えてあるいはローカルなまま生きざるを得なくなりつつある。我々の近代の経験を生かしながら、つまり、単に規範として受け入れるのではなく、〈自由と独立〉をある程度守りながら、どうやって我々は、新しい地球人としての共有の文化を作り出すことができるのだろうか？　それが、この章での基本的な問いかけである。これらの新しい問いに最初にこたえるのは、青年世代であり、新しい社会状況に適応しつつある新しい中間階級の人々だろう。

そこで、この章では、彼らの新しい生き方やライフスタイルを支える新しい規範・価値観を分析していってみよう。その際、過去の経験から学んで、人類の歴史とともに継続している要素とＩＣＴ技術の革新によってもたらされつつある新しい要素と、この二つの観点を結びつけることにより、問題に接近していってみたい。

コスモポリタニズムは、社会学的にみると、少なくとも二つの要素が含まれている。一つは、その時代の支配的な社会的共同体を超えた指向性であること。もう一つは、何らかの意味で超越的な価値観を含む指向性であること。本章では、これらの分析枠組みに沿って、具体的な若者文化の例を挙げながら説明していきたい。

2　三つのコスモポリタニズム──人間的現実に基づくコスモポリタニズム

2-1　シンガポールの新しいコスモポリタニズム

結論から先にいうと、政府主導のナショナリズムと目標としてのグローバル性との間に矛盾がある点が問題であるといえよう。シンガポールは中国系シンガポール人中心の社会であるが、マレー系やインド系の人々とのエスニック・ハーモニーを唱え、実践しようとしてきた。その根拠は、〈シンガポール・アイデンティティ〉である。つまり、国民的アイデンティティの確立・強化は政府目標でもある。一九六五年の独立以来、二世代そして三世代かけて、その目標は実現しつつあるようだ。しかしながら、それぞれのエスニックアイデンティティは根強いものがあり、国民的アイデンティティとはなじまない面も残っている。また同時に、グローバルシティ・シンガポールは、政府が唱えるようなグローバル性も必要としているし、実際、人口の四分の一を占める外国人たちとの付き合いを通じて、否が応でも、〈グローバル・アイデンティティ〉を、高学歴者などを通じて実現せざるをえない。エスニックアイデンティティ・国民的アイデンティティ・グローバルアイデンティティ、この三者の間の葛藤とそれらのダイナミックな関係性が、今のシンガポールの活気をもたらしているといえよう。

図表 9－1　エスニシティ間の婚姻の増加

	1988	1998	2008	
Women's Charter	4.3	8.7	13.8	
Muslim Law Act	10.4	20.4	30.9	(%)
	(Statistics on Marriages & Divorces 2008, 2009, Table1-4, p. 7)			
Women's Charter	1. 49.7%: Chinese Groom & other ethnic group			
Muslim Law Act	1. 24.7%: Malay Groom & other ethnic group			
	2. 19.7%: other ethnic group & Malay Bride			
	(Statistics on Marriages & Divorces 2008, 17 Jun 2009)			

出典：http://www.singstat.gov.sg/pubn/popn/smd2008.pdf

新しい傾向として、〈エスニシティのハイブリッド化〉という点をみていこう。興味深い点が二点ある（山川 2009や斎藤 2009）。第一点は、ここ二〇年にわたり、シンガポールにおいては、異なるエスニシティ間の婚姻がはっきり増加しているという点である。中国系・マレー系・インド系のどのエスニックグループにおいても同様な傾向がみいだせる。第二に、特に、イスラム系においてその傾向が激しい。なお、エスニック階層に関するデータはほとんど公表されていないが、高学歴者間の婚姻が広がっているらしい。ということは、彼らの間でハイブリッドな新しいグローバル・カルチャーが創発している可能性が高いだろう。この点は東京文化などと共通することから、実に興味深いものがある。

新しいアイデンティティの模索は、シンガポールで着実に進んでいるので整理してみよう。日常的に、多民族的・多文化的な生活世界の調和が彼らに推奨されている。アイデンティティの核は、基本的にはエスニックアイデンティティにあるが、一方で、ナショナルアイデンティティの構築が進み、その一方で、結果としてのグローバル・アイデンティティも高学歴者を中心に共有されるようになってきている。したがって、この二種類の高次なアイデンティティを根拠にして、エスニックアイデンティティの変質がみられるようになった。つまり、より複合的で、ハイブリッドな多元的・多層的なエスニックアイデンティティが育ちつつある。それが、〈エブリデイ・コスモポリタニズム〉である。

イスラム系文化では、法体系が厳格であるので、表面的にはあまり目立たないが、どのエスニック文化においても、多元化と多層化が進んでいるようだ。例えば、結婚式のハイブリッド化・食文化のハイブリッド化等が典型的な例である。日本においては、既に、この種のハイブリッド化が進んでいるが、元々の文化が多元的ではないので、実質的なエスニシティによる下支えは弱いと考えられるので、シンガポールのケースとはかなり事情が異なっている。しかし、結果としては、似たような〈結婚式文化〉や〈食文化〉がみられるようになってきたのは事実である（他には、台湾のケースがこれに類似している）。これらの事例を一般化すると、アイデンティティのありようが、より多元的、より多層的になり、重なり合う〈オーバーラッピング・アイデンティティ〉が誕生しつつあるということだろう。確かに、この新しいアイデンティティは、D・ヘルド（D. Held）がいい始めた〈Overlapping Communities of Fate（運命共同体）〉とは異なるニュアンスを持っているかもしれない。しかし、将来的に、エブリデイ・コスモポリタニズムは、より人類的な新しいコスモポリタニズムに成長していく可能性があり、また、新しい中産階級を中心に、確実に身に付けるべき新しい複合的理念だろう。

2－2　中国のコスモポリタニズム

①中国の歴史的要因――個人的人権の思想の相対化

中国のコスモポリタニズムを考えるときに、まず問題になるのが、中国の現代的スタンスへの基本的な批判である。端的にいえば、基本的人権を守っていないというものである。例えば、表現の自由や移動の自由、犯罪者の人権の尊重、死刑制度の維持、そして、少数民族の扱いなど枚挙にいとまがない。国際人権保護団体のアムネスティ的にいえば、問題は中国がなぜそのように批判されるのか、その中国内在的な理由である。

国連やユネスコが定めている基本的人権や文化権などを、私は正しいと思うし、すべての国々がそれらを順守する必要があると考える。しかし、これらの規範が成立したプロセスを考えると、単純にそれを全ての国々に当てはめるのは難しいとも判断する。日本の歴史を考えてみよう。日本は、ヨーロッパの制度やアメリカのシステムを自発的に輸入してきた。欧米諸国以外の中で、その歴史が最も長い国の一つである（他には、トルコやタイなどがある）。その過程で、第二次大戦時までの〈大日本帝国〉というシステムを発明し、敗北した。その敗戦の結果として、アメリカの制度を数多く参考にし、第二次大戦時までに確立させてきたさまざまな制度を修正してきた。近代化の一五〇年以上の長い歴史を経て、基本的人権や文化権を確立してきたのである。そう考えると、日本以外の国でそれぞれの歴史や文化を考慮しながら、それらの普遍的な考え方を受け入れるのは容易ではないのである。

②中国——多元性の実例と方向性

問題は、中国の場合はどうかということである。第一章で述べたように、中国は、長い歴史の中で、異なる民族に何度も征服されてきた。にもかかわらず、その社会システムの根幹（宗族制度・〈幇〉のシステム・〈天と忠〉のコンビネーションなど）は変わらずに推移してきた。また、近代化する過程で、極めて長い混乱期（清朝末期から、中国共産党による独立を経て、毛沢東による文化大革命期まで）を経て、ようやく近代化を達成し、世界の舞台に本格的に進出してきた（それまでは、確かに、中国は東アジアの中心国として君臨してきたが、世界進出は今回が初めてである）。したがって、今まで、求心的で内向きであった社会体制や文化制度が、初めてグローバリゼーションの荒波の洗礼を受けているのである。彼らのうちでは、支配者の一部や海外生活者（華僑や華人などを中心に）・海外留学者を中心に、それらの新しい事態に気が付いている。

彼らがどう変わるのか、しかも、世界のすでにある欧米中心の国際社会体制にどのように適応するのか、それが問題なのである。彼らは、当初は、自分たちの社会的意義や存在を高めることに汲々として、とにかく自分たちのやり方を主張し、それを通そうとしてきた。しかし、それではどうもうまくいかないということにも気が付き始めてきた。その結果、現在の中国では、多くの文化を輸入し、学習している段階だといえる。その文脈に韓国文化や日本文化を位置づける必要がある。私の印象では、かつて日本が辿った道を大規模にしかも大急ぎで中国が辿っているようにみえる。文化については、その伝統的観点から、ヨーロッパ（特に、フランス・ドイツ・イギリスの西欧）の輸入をはっきりみてとれる。しかしながら、一番目につくのは、アメリカ文化の輸入である。あらゆるジャンルにそれは及んでいる。まるで、中国文化をアメリカ文化にすっかり移し替えようとしているようにさえみえる。問題は、それがどの程度進むのかということと、ある程度受け入れた後の反動である。今日のグローバリゼーションには、ゆったりとした反芻過程などを許さない厳しさがあり、トランスフォーメーション（変換）を繰り返していかざるを得ないという事態に彼らはどのように対処していくのだろうか。

③中国の新しい傾向――〈八〇后〉〈九〇后〉世代の新しい価値観〈愛我生活〉

最後に、中国の最近の状況を、上海を例にとって説明しておきたい（ただし、上海の例が中国の平均的な姿であるわけではない。グローバルなレベルでみて、最もグローバル化が進んでいる例といえるだろう）。上海では、近年、北京や香港と並んで、色々グローバルな現象がみられる。もともとは、極めてバリエーションの大きな都市文化であったが、特にトレンディーな新中間階層においては、その表象文化（ファッション・趣味文化など）は、我々とそれほどの違いはない。重要なことは、この表面的で視覚的な部分だけでなく、それを支えている信念や価値観のレベルでの変化である。その典型的な例は、上海のテレビ局（四チャンネル、星尚チャンネル（略称ヤングチャンネル））の近年のキャッチコピーである。それは〈愛我生活〉というもので、かつて一九七〇年代以降日本においても、時々メジャーになった、〈自己愛的価値観〉である。しかし、その背景はかなり異なる。日本社会においては、機能的集団主義が残っている一方で、アメリカ的な個人主義文化も根付き、八〇年代・九〇年代となるにつれて、集団主義のインパクトは弱まりつつある。しかし、中国は元々儒教文化の国であり、また、一九四九年に共産党が政権をとって以来、社会主義路線を歩んでいる。その意味で、個人主義を標榜するのは、基本的に難しかった。しかし、メディアの露出が認められるようになったこと自体は画期的なことなのである(1)。

この傾向は、実は第一章で述べた〈八〇后〉や〈九〇后〉世代文化の特色でもある。都市的・高学歴で、可処分所得が大きく、ネット文化に親和的な彼らに共通する特質でもある。そういう彼らが、どうやってコスモポリタニズムまでたどり着くことができるのか、それが現在の中国の本当の課題でもある。中国の実情に即していえば、もともと〈愛我々生活〉から発した価値観が、〈愛我生活〉を経て、〈愛地球人生活〉に到達できるのかが問われているといえよう。

2-3　日本のコスモポリタニズムの可能性

それでは、日本のコスモポリタニズムについてはどのように分析できるのだろうか？　日本社会においては、伝統的に超越的伝統が弱く、社会を超えた普遍的な価値志向が弱い社会であった。歴史的にも、超越的価値が支配的であったことが極めて少なく、コスモポリタニズムそのものが社会的理念としてマジョリティーを占めたことはなかったといっていい。例外的に、近代社会の前半、日本社会は近代化の〈鬼子〉として〈天皇制〉と〈大東亜共栄圏構想〉による超越的価値を目指すことになる。しかし、この考え方や制度は、当事者の日本人からは、どの人間や民族にも当てはめるべきと考えられていたかもしれないが、占領先の人々や社会からは、そうは考えられていなかった。むしろ、軍事力で自民族中心主義を普遍化しようとしているように思われたのである。第二次大戦の敗北後、幸いなことにこの価値観を反省し、ナショナリズムを押え、基本的には、基本的人権や文化権などの普遍的価値を受け入れた社会を作り上げることになった。そこにおいて、価値観や信念にどのような特色があったといえるのだろうか？　七〇年近い歴史があるので単純にまとめられないが、現状では、少なくとも次の三つの特色が指摘できるだろう。

①ナイーブなヒューマニズム

第二次大戦後、戦前のシステムや価値観全体を反省し、極めて理想主義的な考え方を採用した。その一つが、ヒューマニズムである。これには、広島・長崎の原爆体験なども関連し、国連を重視する考え方になった。この考え方自体は、極めて貴重なものだ。しかしながら、日本のケースは、特色としてそのナイーブさが際立っている。ヒューマニズムは、極めて長い歴史の中で、特にヨーロッパ社会において、長い闘いの歴史とキリスト教的人類愛から生まれてきた側面が強い。その意味で、もともとはナイーブなものではない。鍛えられたハードな考え方である。日本では、建前やフォーマルな表面的な価値観に留まることが多く、その鍛えられ方が、現実的でもなく、十分でもない。

②ソフトな個人主義

日本社会においては、歴史的に、個人主義的伝統（禅仏教や武士道の一部など）が存在したが、常に集団主義の下におかれる傾向があった。しかし、第二次大戦後、特にアメリカの占領とその後の軍事同盟、それから、圧倒的なアメリカ文化の影響などから、個人主義が浸透していった。もともとの個人主義は、個人的信条・ライフスタイル・政治的スタンス・宗教との接合がみられ、これもハードなものである。しかし、日本の場合は、単に、個人的な好みやライフスタイルの表現形態などに限られることが多く、社会システムのハードな部分や構造に組み込まれる度合いが弱い。

③新しい集団主義の復活（〈絆〉の復活）

日本の社会は、前近代社会の農村社会だったころから、共同体主義の集団主義が定着していた。また、その底では、〈家制度〉がそれを支えてきた。しかしながら、第二次大戦後の反省と近代化により、集団主義はより機能的なものに変化した。会社集団主義はその典型的なものである。しかし、一九九〇年代以降の低成長時代には、この集団主義の活力が失われ、停滞的な状態にあった。しかしながら、二〇一一年三月一一日の東北大震災以降、〈日本人社会〉という集団主義が復活した。この新しい集団主義は、みかけは〈絆〉の再構造化という古い考え方を復活させる面があるが、NPO・NGO活動をベースにし、ネット文化を利用した、新しい集合的合理性を構築しようとする新しい面もあるようにみえる。この両面が、この新しい集団主義の特色である。

3　情報化の究極のコスモポリタニズム――もう一つの新しいコスモポリタニズム

3―1　人間的現実に基づくコスモポリタニズム

まず、人類史の文化的な遺産である〈コスモポリタニズム〉に焦点を当てたい。過去の人類社会では、〈国家〉を超える思想や価値観として連綿と続いてきた遺産である。元々、コスモポリタンという社会的カテゴリーは、きわめて古くから存在してきた。その中身を類型化してみると、以下の三つとなるだろう。（川崎 2006）

a　根無し草型：諸地域を流浪するタイプ
b　ローカル型：ローカルに固執し、そこから人類を想定するタイプ
c　超越型：様々な国家や地域をまたがる、きわめてスケールの大きなタイプ

しかし、一九七〇年代になって地球文化システムを支えるような、新しいコスモポリタン層が出現してきた。具体例は、次の二つである。（川崎 2006）

d　Permanent Traveler（PT）：活動が世界に拡大するに伴って確立してきた新しいタイプ

e　エコロジスト：地球環境を守るために、地球的価値を最優先し、活動するタイプ

3－2　情報的現実に基づくコスモポリタニズム——電子的コスモポリタニズムあるいは情報的コスモポリタニズム

それでは、次に、一九七〇年代に端を発する、新しいコスモポリタニズム——それを仮に〈電子的コスモポリタニズム〉と呼ぼう——についてその概略を述べたい。なお、それが今までの人類が築き上げてきたコスモポリタニズムに取って代わるとか、このコスモポリタニズムが素晴らしいという価値判断をしようとするものではない。ここでは、単に、青年文化によって担われてきた行動様式や価値様式が、意外な形でハイブリッド化し、コスモポリタニズムに成長してきたという事実を述べたいだけである。具体的には、成立要因を三つ、そして、その性質・社会的機能・可能性について言及しよう。

第一に、歴史的経緯である。もともとは、一九七〇年代に世界的に起きた価値革命に端を発している。高学歴な青年たちを中心に、今までの生き方全体を問う、反近代的な青年革命は、多くの社会で大きなインパクトを与えつつも、一九七〇年代に収束した。社会によってその遺産の内容は異なるが（欧米の国々ではその後の環境運動などに結びついていった）、その世代的継続性を見逃すことはできない。特に、日本においては、この運動は、結局、その後の消費社会への適応を促す機能を発揮する一方で、個人を極度に重視するようないわゆる〈おたく文化〉（中国では、最近の〈愛我生

活〉がこれに相当する〉を用意することとなる。その後、青年革命で養った、一方における〈価値としての愛〉と〈ライフスタイルとしての個人主義〉は一九九〇年代以降継続して支持されていく。一部でシンクロし、一部でバッティングするこの価値観は、一九九〇年代のポスト・バブル経済を生き延びて、二〇〇〇年代に携帯などのICT文化と結びつき、洗練された文化に成長していく。

第二に、一九七〇年代以降、グローバリゼーションの確立と発展を支えてきたICT技術が発達し、ある種のコスモポリタニズムを意図しない結果として生み出した。もともと、コンピュータによる情報処理技術とインターネットに代表される通信技術とは別々のものだったが、一九九〇年代に入って、アメリカがインターネットの一般的な使用を認めてから、急速に普及し、発展を遂げてきた。また、コンピュータの情報処理技術と組み合わせて利用がなされ、さらにその仕様の高度化が進んできた。コンピュータのOSであったウィンドウズとインターネットとが組み合わされて、広く普及するようになる。また、ほとんどの主要な言語をOS上で利用できるようになり、人類始まって以来の〈普遍的な認知上のプラットフォーム〉が完成する。つまり、コミュニケーションそして表現的な共有の枠組みがグローバル化するのである。この点は現在では当たり前に考えられるが、歴史的には画期的な出来事である。また、携帯電話・スマートフォンについても似たことを指摘できる。一九九〇年代の後半に入って、携帯電話は急速に普及し始め、特に二〇〇〇年代に入り、いわゆる発展途上国でも急激に浸透する。現在では、さらにアップルのアイフォンに典型的にみられるように、携帯とパソコンのハイブリッド化と縮小化が進み、知的で高度な新たな大衆文化が再構築されつつある。これらの進展は、新しいコスモポリタニズムそのものではないが、それを支える基礎的条件を提供する道具だと考えられるだろう。

第三に、科学的な発展による新しい社会段階の到来である。それほどSFを好まない私のような学者でも、現代の科学の発展はすさまじいものがあると思う。特に、科学的成果は次第に、人間的スケールを離れ、大きく、あるいは小さくなっていった。つまり、一方における宇宙物理学や地球物理学の発展は、単に地球的規模にとどまらずに、宇宙的規模で人類を考える必要性が生じてきた。その一方で、生命科学やナノテクノロジーのような微小な研究分野では、遺伝子解読や遺伝子操作などの世界を決定的に変化させてきた。我々は好むと好まざるとにかかわらず、近代の前期にみられたヒューマニズムやフロイトが発見した人間の精神世界の構造や背景をさらに解読することとなった。つまり、〈神の世界〉や〈芸術的想像力〉の分野に科学が踏み込んでいくことになったのである。また、この科学の専門分化の発展は、専門家と一般市民との知識水準のギャップを拡大させることになった。一方の極めて複雑で難しい世界と一方における日常的に繰り返される普通の世界との距離がどんどん拡大しているということである。したがって、日常世界からは、より簡単でわかりやすい説明が求められるようになる。しかし、その途中で、科学の世界には付き物の、複雑さや複数の説明可能性、統計的な妥当性、等が単純化し、〈わかりやすさ〉や〈簡単さ〉などに変換されて、理解されるようになる。人々は、〈新しさ（新奇性）〉により常に〈単純性〉を指向する傾向があり、科学とは別の社会的論理がそこに働くようになる。つまり、政治や経済の論理がしっかりと入り込んでくるのである。

3-3　ハイブリッドなコスモポリタニズム（一）——二つの現実

いろいろ説明してきたが、要するに情報的現実に基づく世界を動かすのは、媒介力（Mediated Power）であり、その媒介力を背景で支えるのが、プログラム世界である。肝心なことは、通常の人間的現実は権力が物理的なエネルギーに基づき一方向的であるのに対して、情報的現実は相互的な性質を持つということである。簡単に図示しよう（図表9-2）。

情報的世界では、常に情報処理機械を利用するので、相互的な性質を構造的に持つ。したがって、本質的にハイブリッドな情報的実体といえるだろう。重要な点は、人間的現実における二つの相互的世界（媒介する側・される側、プログラムする側・される側）というものが、情報的現実においては、それ自体の中にその区別が含まれているということである。つまり、情報的現実の内部に、媒介する側・される側、プログラムする側・される側の区別がある。したがって、情報文化に慣れ親しんでいる若者たちが、溶解してしまうようにみえるのは、この情報的現実においてである。この点を強調しておきたい。

この人間の意味世界を動かす力の変化は、根本的な変化をもたらすと同時に、

図表9-2　人間的現実と情報的現実

人間的現実	情報的現実
強制的権力 Forced power	（情報的）媒介力 mediating/mediated power
コントロールされた世界 Controlled world	プログラム世界 Programming/programmed world

過去から継続する半面もあるという意味で新しいハイブリディティをもたらしつつある。したがって、社会学の遺産で考えると、アメリカの社会学者D・リースマンの三つの社会的性格論が参考になるだろう。彼の議論はこうであった。一九六〇年代のアメリカ社会において、その大衆的側面や中産階級的・市民的側面が、新しい社会的性格を作り出そうとしているという指摘だった。前提として、第一に、前近代的な性格として伝統指向的性格があったとする。それに対して、自由と独立に基づく内面的な自己の一貫性に依拠した、内部指向的性格が誕生したとする。この性格は市民社会を形成し、新しい近代社会を支えると考えた。しかし、同時に、大衆社会状況は、周りの状況や流行に左右され、他者をみながら自分を定めるという外部指向的性格を生み出し、それが社会問題化するというものであった。この時代には、まだコンピュータはそれほど発達をしていなかったし、もちろんインターネットやスマホは存在しなかった。しかし、ある意味で、現代社会を予言しているところがあった。これを参考に新しい状況を整理していってみよう（ただし、彼の理論では、内部指向型が良く、他の二つには基本的問題があるという価値判断が存在した。しかし、ここでは、その前提はかっこに入れておきたい。なぜならば、新しい事態にはさまざまなものが含まれており、良いも悪いも一緒になっているものであり、価値判断を最初からしてしまうと、分析の目が曇るからである）。

3-4　ハイブリッドなコスモポリタニズム(二)――新しいバランスのとれた考え方の必要性

さて、新しい状況は、情報的世界の急激で広範な発展によって特色づけられる。近代前半では、理論的には、身体や自己は、周りの状況や環境から切り離されていて、自己は自然に自己を内部的に形成し、構築する性質があるとされていたように思える。自由や独立の価値観は、その前提を自省した概念である。しかしながら、新しい情報世界は、最初から、さまざまな人工的な情報・コミュニケーション・プログラムによって成り立っており、個人は極めて早い年齢から、フォーマルにあるいはインフォーマルに組み込まれている。

これらの世界はどのような性質を持っているのだろうか？　まず、空間的には、その〈ハイブリッドな多元性〉である。さまざまな事柄をいったん情報というデータに変換した瞬間に、現実世界やその歴史において両立しないような場合も、また、そもそもさまざまな次元を持つものも一つの平面ないし平面の順序に変換されるようになる。次に、空間的には、〈現在中心主義〉である。今までの現実主義的な考え方には、変更のしようのない過去があり、過去からの蓄積があるという認知的前提があった。客観性がそれを保証していた。しかし、情報世界を中心に生き始めると、情報世界の中に住むようになり、現在での処理が考え方・感じ方の中心になり、その背後には現在を中心にしてものをみるという無意識の投影ができるように思える。三番目には、その〈知識的集積性〉である。これには、通信的な集積性と、情報処理的・プログラミング的な集積性とが考えられるが、実質的な区別は普通の人間にはわからない技術レベルになっている。第四に、〈視覚の優位性〉がある。みえるものを優位して考え、みえるものに変換して表現する傾向性のことである。これは、人間の知覚・感覚そのものに由来しているだけでなく、情報世界の表出形態がディスプレイ中心であることと関連があるだろう。最後に、創造的・想像的なプログラムを好むという性格である。情報世界に生きたり、情報世界を通して生きることが多くなると、創造的な側面が重要になってくる。特に、現実にはありえないような想像力は、近代前半の自己性からも支持される面もあり、重要視される。

このような要素からなる新しい社会的性格は、もはや、リースマンが分析した他者指向的な性格とは異なる新しいものである。ただ、リースマンの指摘のうち、大衆社会的性格については基本的にいまだ多くの会社で継承されている面があり、この点は、実は我々の抱える継続した問題点でもあるだろう。

これらの新しい性格は何を生み出すのかが次に問題になるだろう。多くのグローバリゼーションの議論では、経済的側面がまず取り上げられ、もっとも重要なものと考えられがちである。それはもちろん重要な側面であるが、実は、政治的側面の方が重要であるように思われる。どういうことかというと、新しい社会的性格は、ある種の積極性や実践性を持ち、自己や他者に積極的に働きかけようとする。特に、情報世界を媒介にしているので、気楽に失敗を恐れずにかかわろうとする傾向がある。そのことは、意思決定へのかかわりの新しい闘いと妥協へと彼らをいざなうのである。それも、グローバリゼーションという激しい競争と協力の磁場のもとで。どういうものが登場してきても、いつも過程的で、新しく、より合理的ないし流行的なものにとってかわられる運命にある。

特に、新しい付加的な性格を二つだけ指摘しておこう。一つは、ハイブリッドな認識と認識世界である。情報化の第一段階では、通信技術と情報処理技術が融合し、ネットの世界やスマホの世界を出現させた。その第二段階では、物理的運動系のロボットや自動車など、認知科学、情報処理技術などの発展に伴い、社会的認識そのものそしてそれらから構成される社会的世界そのものがハイブリッド化し、新しい認識と認識世界が急激に展開するようになった。現在は、そのアナーキーな状況ということができるだろう。ブログやツイッターといったソーシャルメディアが登場・発展し、官民挙げてのさまざまなトライアルアンドエラーが始まっている。第二に、この新しい世界に関して、新しい基準あるいは規範が成立しつつある。それは、〈有名性〉とか〈流行性〉である。元々は、中上流階級の社交界や大衆社会におけるよりどころとして発達してきた、近代社会ならではの基準である。それが、情報化された世界において、より発達し、洗練された形に変換されてきている。もう少しいえば、より知的な形で基準が使われるようになっている。かつては、あいまいで共同主観的な側面が強かったのに対して、現在では、さまざまなソフトウェアとデータに基づき、判断が下される（例：ランキング、GPS基準、検索ソフトの利用、等）。情報世界の側が、いろいろと事前に準備してくれるシステムが確立されつつある。グーグルやアップルなどによる、この新しいサービス産業システムは、青年たちをそのシステムに融合させ、溶解させる機能を持っているように思える（なお、この用語は、今後別の言語表現をとることになるかもしれないが、今のところこの二つがより現実を説明しやすいという意味で、ここでは採用している）。したがって、良い意味でも悪い意味でも、かつての過去を引きずっていることも確かである。また、近代前期における自由と独立のような、独自の価値を持つためには、もう少し工夫が必要のようにみえる。現在がその〈生みの苦しみ〉の時期であることを切に祈りたい。

話を元に戻すと、この二つの現実の両方を併せ持つような、新しいコスモポリタニズムが要請されているということができる。それを〈ハイブリッドなコスモポリタニズム〉と呼んではどうだろうか。そして、この考え方には新しいバランスがとられる必要がある。

4　二つのコスモポリタニズムを結ぶもの——二つの四段階モデルのマッチング

それでは、人間的現実に基づくコスモポリタニズムと情報的現実に基づくコスモポリタニズムとは、どのように結び付けられ、バランスがどうとられる必要があるのだろうか。ここではこの問題を取り上げよう。まず、人間的現実の方からは、〈クロスカルチュラル・コミュニケーションの四段階〉という仮説を提示したい。そして、情報的現実の方からは、ソーシャルメディア・ネチズン論を紹介したい。

4-1　クロスカルチュラル・コミュニケーションの四段階——人間的現実からの接近

コスモポリタニズムは、突然やってこない。異なる文化を通し、異なる人間同士が対等な立場で、相互に尊重しながら結果として訪れるものだ。それを実現するには、地道な努力が必要であるが、そのたどるべきルートがあるように思う。それが、〈クロスカルチュラル・コミュニケーションの四段階〉である。簡単に説明しよう。

①相互理解の段階

まずは、お互いに異なる、あるいは、お互いの文化が異なることを認知し、自覚する段階である。この相互理解抜きでは、結局、相手や自分をただコントロールしようとするだけである。

②コード・スイッチングの段階

次に、お互いの違いを体験し、それを内面化する段階である。それぞれのコードを認識し、それをモデル化して理解・実践しようとする。そして、そのコードを自覚的に変えることにより、相手を尊重し、協力がより容易になっていく。しかし、個人や文化の違いが大きければ大きいほど、そのコード・スイッチングは難しく、また、両立しにくい。

③中間的フレームによるコントロールの段階

三番目は、それぞれのコードを理解し、その両者に共通の、あるいは、中間的なフレーム（枠組み）を探り、それを確立しようとする段階である。中間的フレームは、必ず存在するとは限らないし、中間的な段階にすら達しないこともある。そこに、力関係や権威関係が入り込んだり、そもそも、中間的なスタンスがとりにくく、二元並立のままということもありうる。

④普遍主義とローカリズムのバランスの段階

最後の段階は、中間的フレームをより一般化していく段階である。これには、限りがない。どの文化が最も普遍的かという問いには意味がない。相対的な違いがあるにしか過ぎないからである。問題は、より普遍的な方向で努力をするかどうかという点である。グローバルというのは、その一つの普遍主義である。それから、この段階で肝心なことは、普遍主義はそれ単体で意味があるわけではない。その一方にある、ローカリズムやネイティビズムを尊重してこそ、普遍主義の意義が出てくるのである。

4-2　情報的コスモポリタニズムからの接近——ネチズンとソーシャルメディア

それでは、情報的コスモポリタニズムの側からは、どのようなアプローチをしていったらいいのだろうか？　いまだはっきりとした考え方や価値観が確立していない状態であるが、そこには、原理的な問題が二つある。一つは、情報的世界は常に流動的であり、はっきりと固定したコスモポリタニズムは確立しにくいという問題がある。したがって、むしろ、常に、〈さしあたり〉とか〈一応〉ということでよりましなコスモポリタニズムを継続的にバージョンアップしていく必要がある。もう一つの問題は、新しい担い手やコスモポリタニズムを支える枠組みは何かという問題である。今までの近代前半は、いわゆるジャーナリズムがそれを担ってきた。三つの権力の次に位置する〈第四の権力〉として、いわゆるマスメディアが主な担い手として、市民や国民に対して、さまざまなメディアを通して、啓蒙・指導していく枠組みである。この枠組みは、はっきりいって、崩れつつあると思う。あるいは、再構造化しつつある。近代の後半の枠組みは、今その担い手争い、そして、枠組みつくりが始まったばかりである。だから、しばらく一種の無政府状態に陥っているということができるだろう。しかしながら、近代前半からの貴重な財産もある。例えば、民主主義や市民はそれらの代表選手である。したがって、この延長線上で考えると、新しいソーシャルメディアそしてそれを担うネチズンという考え方は、正当なものであるように思える。ただし、しばしば混同されやすい誤解に、〈規範〉と〈実際〉の区別がある。この民主主義と市民は、もともと、規範概念である。そうあるべき存在や方法なのであって、実際の存在そのものではない。また、民主主義や市民が必ず正しいわけでもなく、彼らが支持した制約や意思決定が必ず正解を導くわけでもない（間違った場合は、同じルートで修正できるかどうかということと、実際に修正することが大切である）。

4-3　新しいコスモポリタニズムとアイデンティティの必要性

現代社会においては、内容はともかく、金融資本主義や数々のインターネット利用のネットワーク等、人類史上初めての地球文化システムが確立しようとしている。しかし、その構成要素や機能は、きわめて多元的で複雑であるのはいうまでもない。近代社会の最重要な構成要素は〈近代国家〉と考えられてきたし、それを支える根底の要素は〈国民〉と彼らの〈ナショナリズム〉である。しかし、それらの新しい社会的実体の拡大、つまり、過去の近代社会を超えた地球社会を実現するために、〈国民〉と〈ナショナリズム〉を何らかの形で超える、あるいは代わるものが必要であろう。ネイティブ・ローカル・インターナショナル・トランスナショナル・グローバルの五つのレベルが想定できるが、最も自然な推測として、ナショナルを超える三つのレベル、すなわち、インターナショナリズム・トランスナショナリズム・グローバリズムの三つが近代を超える価値観として挙げられるだろう。しかし、実際には、最初の二つは、グローバルなレベルへはっきりとした見通しを立てられるところまで成熟していないというのが実情だろう。また、グローバルというのも、電子的グローバリズムは徐々に実現しつつあるが、実体としてのグローバリズムは未確立といえるだろう。

ここでは、新しいアイデンティティの輪郭を簡潔に分析しておきたい。それは、重複型アイデンティティ（Overlapping Identity）である。幾つもの環境に関するアイデンティティを重ねあいながら、多層性を確保しつつ、全体としては寛容な統合性を保有するというイメージのアイデンティティである。その成立条件は、以下の三つである（川崎 2006）。

a　日常的コスモポリタニズム（Everyday Cosmopolitanism）：日常的な場面において、ローカリズムやナショナリズムだけでなく、それを超えた認識や価値観を好み、実践していく考え方。ネットやスマホで実現が容易になった。

b　民主主義的価値観：基本的人権や文化権を尊重する考え方。

c　文化の多層化・多元化：文化が純粋で単一的ではなく、さまざまな構成要素がしばしば矛盾なく、時々屈折して結びついていて、その状態が積み重なっていたり（多層的）、多くの中心からなっていたり（多元的）すると考える、文化に関する見方。

また、重複型アイデンティティには大きく分けて、次の二タイプがある（川崎 2006）。

d　社会関係的自己タイプ：現実の対面関係（face-to-face relationship）を重視し、地道に異なる他者や文化と付き合い、トレランス（寛容性）からアイデンティティを積み重ねていくタイプ。

e　情報処理的自己タイプ：ネットやスマホなどによる重複化を好み多用するタイプ。

そして、この重複型アイデンティティの確立は、単に情報環境の高度化だけでなく、クリエイティブシティを可能にするようなグローバル化の展開と相乗しているだろう。このアイデンティティは、新しい流動的なトランスフォーマティブ・カルチャーに適応的でもある。新しい環境の下、ハイブリッド、ソフト、そして強靭なメディアと公共性の再編成が待たれるところである。

5　地球的コスモポリタニズムと若者文化

話を元の文脈に戻すと、上記の深刻な機能不全に対する、個人レベルの解決の一つのオプションが、〈オーバーラッピング・アイデンティティ〉であり、〈多元的で日常的なコスモポリタニズム〉である、文化レベルでの〈トランスフォーマティブ・カルチャー〉だというのが、本章でのさしあたりの回答である。これらをきっかけにして、読者もぜひ、現代の難問解決に挑戦していただきたい。

多層で多様な世界に生き、かつ、複雑な情報環境に生きる我々は、レヴィ＝ストロースや見田宗介らが分析した、〈野生の文化〉を失うことなく、この新しい社会的・自然的な環境に適応しなおさなくてはならないだろう。情報変換に満ちた新しい〈トランスフォーマティブ・カルチャー〉の下で。この新しい文化は、人類が、改めて、人工的な世界を、想像を含めて作り直そうとする壮大なシミュレーションであり、かつ、それに感情的にインボルブすることにより作りだされる複合的な現実でもあるのだから。

最後に、付け加えておきたいことがある。今日では、グローバリゼーションに代表されるような、地球的な規模のさまざまな活動やコミュニケーションが中心になりつつある。しかし、人間の側の用意はまだ十分に整っていない状態である。人類文化を受け継いだものの一人として、どのような生き方・価値観・ライフスタイルが大切なのかということを、青年文化を代表例として、〈新しいコスモポリタニズム〉を分析することにより、新しい提案を試みようとしたのが本章である。しかしながら、もっと大きな観点からすれば、バランスを失しているという批判は免れないかもしれない。その点をもう少し丁寧に説明しておこう。新しい生き方には、大きく分けて二種類のものがある。一つは、この章で試みたような、普遍的な方向を探ることである。しかし、その逆も大切であって、それはすなわち個別的で野性的な生き方である。一見、古いものを作り替えているようにみえる生き方も、実は、現実を再構成・再構造化しており、過去から新しい現実を発明し続けて、現在に適応しているのである。ここには、さしあたり、良い悪いをはさむつもりは毛頭ない。現実的な状態や状況を未来に向けて分析しようとするだけである。その意味で、我々の生き方は、新しいバランスが求められており、その段階に達するには、まだまだ長い時間がかかる。それに至る道筋はたくさんありそうだし、またたくさん確保する必要があるということなのだろう。それが今の時点で確実にいえることではないだろうか。

注

（1）ただし、中国の場合は、政府を批判したり、社会秩序を脅かす恐れのあるもの〈抗議運動、価値観など）については、厳しく取り締まられている。その意味で、メディアの伝える〈愛我生活〉はそこまでの危険性はないという判断なのだろう。

文献

Berger, P. and S. P. Huntington,（eds.）（2002）*Many Globalizations: cultural Diversity in the Contemporary World*, Oxford University Press

Cohen, R. and P. M. Kennedy（2007）*Global Sociology*（2nd Edition）, N.Y.U.P.

Florida, R.（2008）*Who's your city?: How the Creative Economy Is Making, Where to Live the Most Important Decision of Your Life*, Basic Books

Hall, Peter（1998）*Cities in Civilization*, London, Weidenfeld

Held, D.（2004）*Global Covenant*, Polity Press

Held, D., A. McGrew, D. Goldblatt, J. Perraton（1999）*Global Transformations: Politics, Economics and Culture*, Stanford University Press

Held, D. and A. McGrew（2007）Globalization/Anti-Globalization（2nd ed.）, Cambridge, Polity Press

Jacobs, Jane（1984）*Cities and the Wealth of Nations*（＝1994 中村達也・谷口文子訳『都市の経済学』ＴＢＳブリタニカ）

川崎賢一（2006）『トランスフォーマティブ・カルチャー』勁草書房

川崎賢一（2010）「都市文化とライフスタイル――文化的グローバリゼーションと新しいアイデンティティ」小川（西萩）葉子・川崎賢一・佐野麻由子『〈グローバル化〉の社会学』恒星社厚生閣

川崎賢一（2011）「グローバル化時代に私たちはメディアとどうかかわるのか」小林誠・熊谷圭知・三浦徹『グローバル文化学』法律文化社

Landry, C.（2007）*The Intercultural City*, Earthscan Pubns Ltd

松田美佐・岡部大介・伊藤瑞子（編）（2006）『ケータイのある風景』北大路書房

斎藤真由子（2009）「相互行為によるナショナリズム――シンガポールを事例に」関東社会学会大会、二〇〇九年六月、配布資料

佐々木雅幸・川崎賢一・河島伸子（共編）（2009）『グローバル化する文化政策』勁草書房

Sassen, S.（2008）*Territory, Authority, Rights*, Princeton University Press

Sassen, S.（2007）*A Sociology of Globalization*, W. W. Norton & Company

UNESCO（2005）*Towards Knowledge Societies*, UNESCO
歌川令三・湯川鶴章・佐々木俊尚・森健・スポンタ中村（2007）『サイバージャーナリズム論――「それから」のマスメディア』ソフトバンク新書
Wallershtein, I.（1979）*The Capitalist World-Economy*, Cambridge University Press
吉見俊哉・土屋礼子責任編集（2010）『大衆文化とメディア』、ミネルヴァ書房

終　章　若者の溶解と若者論

浅野智彦

1　溶解していく「若者」

何らかの対象の変化について語ろうとする時には、その変化を「変化」として検出するための、それ自体としては変化しない基準が必要となる。トランスフォーマティブと本書で言い表してきた社会のありかたは、対象の変化を語っているつもりでいるときにその基準の方が変化してしまっているような様相をさすものだ。若者についての語りもこの様相を免れることはできない。若者の変化について語る人々の足場の方こそより大きく変化しているかもしれないのである。

本書の各章は、そのような状況にあって若者研究を行うことがいかにして可能かという問いにそれぞれの角度から答えようとする試みであった。本章では、それらの試みを踏まえながら、研究対象としての「若者」を歴史的な流れの中に位置づけてみる。その作業を通して、若者論の現在における可能性の所在を確認しておきたいのである。

若者論がしばしば「今日の若者は○×化しつつある」という変化の語りであるのに対して、そのような語りをなす人々の足下こそがより大きく変化してしまっているというのが本書の見立てである。その足下の変化とは、「若者」なるカテゴリーの輪郭が溶解し、もはや主語の位置を占めるのが難しいほどにまで不明瞭化してしまった、というものである。例えば、ごく単純に年齢のことだけを考えてみてもこのことは容易にみて取られる。政府の若者施策の大綱ともいうべき「子ども・若者ヴィジョン」における若者の定義をみると三〇代を含むとされており、三九歳まで「若者」と認定されている。政策対象としての若者の上限は、一九九〇年代より少しずつ上昇し、ついに四〇手前まで達してしまったわけだ。

今や「若者」カテゴリーは、「若者は……」という言明を無意味化させかねないほどに溶解しつつある。このことを誰よりもはっきり指摘したのは、古市憲寿であった。古市は、若者を一枚岩であるかのように扱う態度が、彼らの内部のさまざまな差異を見落としてきたのではないかと指摘している（古市 2011）。男性なのか女性なのかによって同じ若者でも抱える問題は大きく違うはずだ、と彼はいう。住んでいる場所が都市部なのか非都市部なのかによっても違うだろうし、出身階層によってもちがうだろう。そういった諸々の差異を無視して、単に年齢が近いというだけで一つのカテゴリーに括るのは考えてみればひどく乱暴なことではなかったか。そう古市は問う。「若者は……」という言明よりも、「地方出身者は」「女性は」「出身階層が然々のものは」といったそれの方が、より生産的なものでありえるのではないか、と。

「若者は○×化している」と語るとき、その足下で進行しているのは主語としての「若者」の解体であった、というわけだ。他方この解体は、別の角度からみると、別の同質性の浮上でもある。例えば世代間の価値意識の接近は、そのような同質性の典型である。

世代間にはつねに価値観のギャップがあるとよくいわれる（嘆かれる）が、データが示しているのはそれとは反対の事態の進行である。ＮＨＫ放送文化研究所が一九七三年以来五年ごとにおこなっている「日本人の意識」調査によると、基本的な価値の軸において世代間の差異は若い世代になるにつれて小さくなっていくのだという（見田 2011）。例えば、六〇代の人々と五〇代の人々との違いに比較して、五〇代と四〇代の間のそれは小さいものとなっており、四〇代と三〇代とではそれがさらに小さくなる。しばしば嘆かれている価値観の違いは世代が下るほど小さくなってきており、今やほとんど消滅しかけているのである。世代のまとまりが、ある世代に属する人々に価値観が共有されている度合いに応じて現れてくるものであるとしたら、そのようなまとまりの輪郭は次第にみえにくいものとなってきているわけだ。

その一方で、世代間の違いがみえにくくなっていくのに応じて、別の種類の違いが浮かび上がってもくる。すなわちメディア技術の進展がメディア経験の世代差を縮小させていく結果、世代を超えたまとまりが形成されるようになりつつある。例えば、どの世代であるかということよりも、特定のアニメなりマンガなりのファンであるということが人々を結びつける媒体となる。世代間の差異が減少するのと並行して、世代横断的な文化的なまとまりが乱立することになるだろう。

宮台真司は、若者がその内部で趣味や関心に即して小さなコミュニティに分化し、それらが互いに没交渉になっていく状況を「島宇宙化」と呼んだ（宮台 1994）。だが、島宇宙化は若者内部の分化と断片化とを意味するのみならず、相対的に世代の境界を越えたつながりの創出でもある。たしかに文化的な断片化は進行しているかもしれない。しかしそこでみられる文化的なコミュニティはもはや「世代の」文化とは呼びにくいものとなるであろう。ここでも「若者は島宇宙化しつつある」という言明はその主語の機能失調に見舞われつつある。

若者カテゴリーの断片化。世代間の同質性の上昇と、世代横断的なまとまりの島宇宙的な乱立。本章では、このような溶解の過程がどのように進行したのかを確認し、その確認を通して今後の社会において若者論は何らかの可能性をもち得るのか、もち得るとしたらどのような局面においてであるのかを検討していく。

2　近代化と青年の誕生

「若者」について検討するのに先立って、その前身ともいうべき「青年」というカテゴリーの創出について簡単にみておこう。今日よく知られているような意味での「青年」の登場は、さまざまな研究によると、明治期のはじめにまで遡ることができる。木村直恵によれば、青年とは先行する表象である「壮士」に対立するものとして登場し、急速に壮士を駆逐していったのである（木村1998）。

彼女によれば、壮士的な作法とは、（政治的な）運動会のような形での肉体的運動の共有、悲憤慷慨し合うことによる無媒介な感情移入、漢文の素養による排他的共同性などによって特徴づけられており、政治的な目標に向かうときそれは非合理的・神秘的行動主義となるものであった。これに対して「青年」の作法は、読み、書くという実践を中心としており、それによって自分自身に注意を向け、自分自身に配慮するような内面的主体を産み出した。

そのような「青年」にとって政治というのは十分な準備をつんで一歩一歩進めていくべきものであり、その手段は合理的に考慮されなければならないものであった。このようなイメージの転換は、「壮士」のもつ過剰なエネルギーが政治的な形で突出することを防ぎ、非政治的な回路に流し込むよう機能する。「青年」とは、木村によれば、政治を目指しながらも決して政治には到達しない、

永遠の準備期間なのである。すなわち木村いわく、

> もはや明らかであろう、「青年」的実践とは本来的に、あの階梯的プロセスに従うものではないのである。まぎれもなく、彼らが日々営む実践は、彼らをその場に永久に釘付けにするものとして機能している。「青年」たちが〈準備〉として意識し、また言明している実践とは、政治的な領野へと容易に突出しかねない、政治的な志向性を持つ主体に対する訓練と矯正とを行うものなのであり、かくしてそれは、身体に対して、時間に対して、そして毎日の習慣化した動作や行動と、それを規定する精神のあり方、思考の仕方といったものをすべて包囲しながら、非政治的主体としての「青年」を生産するものとして機能するのである。「青年」的原理にしたがっている限り、そこに生成する主体が政治的領野に到達する日は決してやって来ないであろう。これこそが「青年」的実践の政治的帰結なのである。（木村 1998：265）

壮士という表象がたたえていた政治的な運動への熱い志向性を青年という表象はきれいさっぱり洗い流してしまった。青年は、国家にとってはよき国民、資本にとってはよき労働者たることを予定され、期待され、命じられる者たちとして位置づけられたのである[1]。

望ましい国民であり労働者でもあるような成人へと「成長」していく途上にあるとされた若者は、それゆえ特別の庇護と配慮の対象とされる。そのような庇護・配慮は、この時期に成立し急速に広

がった学校教育の中に具体的な制度として結実した。そこで展開される営みを中心として、その周辺には学問的な語りが組織されてもいく。

北村三子によれば、明治三〇年代以降、望ましい青年像を描き出すとともに、そこからはみ出す者たちを逸脱として位置づけるための心理学理論、いわゆる「青年心理学」が形成されていく。青年心理学が必要とされた直接的な要因として当時の学校の「荒れ」があったことも見逃せない。例えば、明治三〇年代後半以降、各地の中学校（旧制）で生徒が学校や教師を批判して行なうストライキが頻発した。これは「学校騒動」と呼ばれた。このような事態の原因は、教師の側の未熟さもさることながら、「青年そのものの性質を熟知していないことである」とされた（北村 1998：139）。学校現場での「問題」を梃にして青年に関する知識（科学）を体系化していく動きがこの時期に進んでいくわけだ。庇護と配慮はここで科学の土台の上に自らをおこうとするのである。

庇護・配慮・科学というこの枠組を前提にしてはじめて、あるべき発達の経路からずれていく「青年」たちが「問題」として切り出されてくる。そのような「問題」として明治三〇年代にみいだされたものの一つが「煩悶青年」であった。彼らはそれなりの教育を受けた知識人階級でありながら、青年たちに期待された成功への野心と努力に背を向け、人生の意味を求めて自分自身の内面を探求しようとしていた。徳富蘇峰が「煩悶青年」と名付けたこの種の青年たちは、特に文学を中心として時代を象徴する現象とみなされるようになる。

政治思想家の岡義武は、明治末期から大正初期にかけて、青年について語られた言論を整理しながら「煩悶青年」について次のような見取り図を描いている。

第一に、野心的な青年の求める成功が官界における出世から経済的な富の獲得へと変化した(「成功青年」)。第二に、それに背を向ける青年の煩悶は、天下国家ではなく、恋愛を焦点としたものである。第三に、この変化は、日露戦争の前後でもっとも際立つ。第四に、支配層はこれを憂慮し、さまざまな手をうつ。第五に、しかし、これらの傾向にあたらしい可能性を見出すものもいた。実際、これは大正デモクラシーの萌芽とも見なしうる。

岡は、この変化を個人主義の広まりの現れとみている。すなわち、明治初期には切実に感じられていた国家的な危機が後退するとともに(日露戦争の勝利はその象徴)、彼らの人生の目標は国家のそれから遊離する。一方でそれは市場における成功へと志向し、他方でそれは恋愛を中心とした煩悶へと志向する(成功青年/煩悶青年)。支配層は、国家独立の維持に代えて民族の膨張を新たな目標として提示しようとするが、これは必ずしもうまくいかなかった。青年のこのような傾向を憂うる徳富蘇峰の言葉は、二つの世代の断絶をくっきりと浮かび上がらせていると岡は論じる。

「人は何処より来りて何処に行く可き乎杯」というような「人生問題」は、到底われわれの解決しえないものである。「その日その日に為す可き事、為さねばならぬ事」を放擲して、そのような「無益の仕事」に心を労し、煩悶することは、「不心得千万」であり、「精神的煩悶」と称するものは、実は「暇人の閑愁」にほかならない、としている。第二信で蘇峰は、貴下のこのたびの返信によると、貴下の「人生問題に関する煩悶」も結局は恋愛に由来するとのことである。ところで、「恋愛杯と申すことは、青年諸君の口にす可からざるは勿論、叶ふことならば決して此に心を煩はし、思を悩ます可きものに無之と存候」とし、第三信で彼は述べて「青男青女の恋愛杯は何うでもよし。斯るたわひもなき事に煩悶するとは、以ての外」である。（岡 1967a: 148）

青年とは、若い人々を政治への直接的参加から隔離するための諸戦略の一端として現れてきたカテゴリーであった。しかし、その戦略は明治の終わりには、国家からの過度の遊離を憂慮されるようにまでなっていた。それはいわば「青年」というカテゴリー化がもたらした意図せざる結果であった。

国家からの遊離と内面への撤退。文学者の平石典子はこのプロセスをジェンダーの観点から読み解いた（平石 2012）。岡も指摘していたように、煩悶青年の「煩悶」は主に恋愛を通して「実践」されるものであった。煩悶青年たちの実存を成り立たせる必須の要件として女性は新たな表象を得ることになる。これが「女学生」である。

さて、このようななかで、女学生たちは西洋風の「恋愛」の相手として表象されるようになった。知性という牙を抜かれた少女たちは、明治三〇年頃を境に、それまでとはうってかわって、メディアのなかで美しく描き出されるようになる。（平石 2012: 114）

青年（男性）たちは、女性を煩悶のための素材として一方では美化しつつ、他方では脱知性化した存在として非難した。煩悶青年は、年齢と関係したカテゴリーであると同時に、ジェンダーと密接に関係したものでもあったわけだ。

もっとも、青年カテゴリーが国家の思惑から遊離していくように、女学生もまた煩悶の素材であることにとどまってはいなかった。女学生の表象をいったんは引き受けながら、そこに女性の欲望の解放を読み込んでいく文学的な運動がやがて立ち上がっていく。

このように、女性たちは、フィクションのなかで、「恋愛」の名の下に自己の欲望を解放し、力を得ようと声を上げ始めた。その声は確かに、小さかったり、物足りなかったり、首尾一貫していなかったりもした。しかし、こうした作品から伝わってくるのは、男性たちが西洋文学を受容しながら作り上げた女性像を、同様に受容しながら、換骨奪胎をもくろむ彼女たちの意思ではないだろうか。（平石 2012：308）

これもまたカテゴリーを用いた実践の意図せざる効果といってよいであろう。(2)

ともあれ、日本の近代化のある段階で登場した「青年」という概念は、立身を目指す成功青年であれ、立身に背を向ける煩悶青年であれ、いずれにせよ、よき国民、よき労働者を目指すべき（はず）ものとしてある年齢層の人々をカテゴライズするための枠組であった。しかしそれは抽象的な概念、単なる言葉に過ぎないものでない。このカテゴリーはさまざまな実践と表裏一体であり、例えばそれは政治的な野心を沈静化させたり、心理学や教育学の対象として検査・測定したり、文学の対象として表象したり、そこにおいてジェンダーの政治学を賦活したりといったことがらを含む。もちろんこのカテゴリーを用いた実践は、カテゴライズされた「青年」たちによっても担われるのであり、その実践を通して、「青年」は（あるいは「女学生」も）、例えばよき国民やよき労働者から逸脱していくことさえある。

3　戦後若者文化の登場と溶解

今日よく知られているような「若者」カテゴリーが用いられ、それに結びついた諸活動が組織されるようになっていくのは、戦後の高度経済成長期以後のことである。その背景には、なんといっても人口の多かった「団塊の世代」が一〇代後半から二〇代に入ったこと、そして急速な経済成長により独自の行動様式を持つだけの余裕が生まれたことが大きい。難波功士が詳細に描き出したように彼らは「族」と呼ばれるような奇抜な行動様式を生み出し、自分たちを「大人」とは異なったものとして提示した（難波 2007）。

このような変化は、それを研究する側についても対象の再組織化、再同定の試みを引き起こした。

一九六〇年代末の学生運動がピークをすぎた直後の一九七一年、日本社会学会はその年次大会において「青年」について検討するシンポジウムを行なった。その際の報告が論文化され学会の雑誌である『社会学評論』に特集として掲載されている。その特集の序文において塩原勉は、青年が主題化される視角を労働の担い手としての青年、政治の担い手としての青年、文化の担い手としての青年という三つに整理している。

一九六〇年代末の学生運動についての語りがもっぱら「政治の担い手」という視角から青年を主題化するものであったとすると、一九七〇年代以降の語りは、同じ特集の中で井上俊が論じていた方向、すなわち「文化の担い手」として青年をみいだすような語りへと重心を移動させていくことになる。明治期に登場した「青年」が脱政治化の仕組みとして機能していたのに対して、高度成長期に登場した「おれたち若者／あいつら大人（国家、資本主義、等々）」というカテゴリー化は、むしろ活発な政治的諸活動の組織化と結びついていた。

若者あるいは青年というカテゴリーをこのような活動の組織化に用いることができたのは、当時の社会にあって若者／大人という差異が労働者／資本家という階級論的な差異に重ね合わされて用いられていたからであろう。この重ね合わせが消失するとき、政治によって彩られた青年・若者は姿を消すことになる。批評家の三浦雅士が、このような政治の季節の終焉に「青春」の終焉を重ね合わせるときにいわんとしているのはそのようなことであろう。世代的な対立が階級的な対立として問題化され、それゆえ「若さ」に政治的な意味の付与されていた段階が過ぎ去り、青春の持っていた文学的な輝きは徐々に薄れていく。

青春がその輝きを失ったのは、六〇年代から七〇年代にかけて資本主義の内実が違ってきてしまったからである。階級がもはや人格と結びつかなくなってしまったからである。（三浦 2001：12）

しかし、注意すべきはここで終焉したのは「青春」のあり得る姿の一つに過ぎないということだ。青年・若者というカテゴリーは政治的な諸活動の組織化との結びつきを解かれた後、「文化」と総称されるような諸活動と結びつくことで、その輪郭を鮮明なものに保つこととなる。(3)

社会学者の山田真茂留は、ここでいう若者の文化の独自性を二つの軸から成るものと論じた（山田 2009）。一つは「大人」への対抗性であり、もう一つは「大人」からの自律性である。文化的な諸活動において「大人」に対抗し、自分たちだけの様式を創り出すことで彼らは自らを若者として提示した。「大人」の側からみれば、自分たちの価値観に同調しない、奇妙な活動に従事するものとして「若者」が括りだされることになる。労働や政治に言及しつつ語られる「青年」が後退した後にも残る「若者」の同一性は、これら文化的な諸活動に結びつけられることで組織される。

この文化的な諸活動は、一九七〇年代には手作りともいうべきものだったのが、やがて一九八〇年代に入ると、消費という形をまとうようになる。(4) 文化的な営みが消費という形式で行なわれるようになると、そこからは階層的な色彩が抜け落ちるとともに、消費の作法の違いが前景化されるようになる。このことを誰よりもはっきりと指摘したのは、宮台真司であった。

たとえば友人とつきあうとき、恋人を探すとき、お店で買い物をするとき、リゾートに出かけるとき、「自分はブルーカラーだ」といった自己イメージは関係がなくなった。このようなコミュニケーションにおける階層コードの無関連化こそが「中流意識の拡大」をもたらした。逆ではない。そして、この階層コード無関連化が、日本の「高度消費社会化」を条件づけることにもなったのである。(宮台 1994: 166)

「階層コード」に代えて彼らが依拠するようになったのは、消費の作法の差異だ。例えばブランド消費に典型的にみられるように、彼らは、商品の差異を自他の差異に転用することで、コミュニケーションを制御しているのである、と宮台はいう。誰と友人になるのか、誰と恋愛するのかといったコミュニケーションの選択が、どのお店で買い物をし、どこにリゾートにでかけるのかといった消費様式の選択と連結されて制御されるのである。本書第二章で引用した田中康夫の文章を再度引いておこう。

どういったブランドの洋服を着て、どういったレコードを聴き、どういったお店に、どういった車に乗って出かけているかで、その人物が、どういったタイプの人物かを、今の若者は判断することが出来るのです。人は、年齢に関係なく、みなそうした他の力を借りて、自分自身を証明しているのです。（田中 1980→1985：220）

なるほど階級・階層との結合を解かれて、青年たちは大きな歴史と共振するような輝きは失ってしまったかもしれない。しかし、一九八〇年代の若者たちは、消費文化を謳歌することによってそれとはまったく異なった輝きを手に入れたともいえる(5)。

だが消費社会化と支え合いながら進んでいった若者文化のこのような変化は、山田真茂留によれば、その同一性が溶解していく過程でもあった。すなわち若者文化の対抗性がまず失われ、ついで自律性が消滅することによって、その輪郭は曖昧なものになっていく。

山田によれば、この溶融を進展させた動力は、若者文化が商品として成功していったことに求められる。市場としての規模が大きい団塊の世代に向けて売ることのできるさまざまな「若者文化」は、それがTシャツであれ、ジーンズであれ、ロックであれ、「大人」にとってはビジネスチャンスを意味するものである。大人への対抗はかくして大人にとっての商機へと変貌していく。

このようなビジネスの成功は、「若者文化」を消費する層を年代的な上下に向けて拡張していく。団塊の世代は、そのような文化消費の様式を身につけたまま年齢を重ねていくし、その下の世代はその商品を消費するあらたなマーケットとして開発されていくのだから。かくして、若者文化の潜在力の大きさはそのまま世代を超えた商品としてのヒットにつながり、結果的にそれは若者に固有のものではなくなっていった。大人の文化からの自律性もこうして失われる、と山田はいう。

こうして労働や政治との結合を解かれ、文化や消費といった諸活動と結びつけられながら用いられてきた若者というカテゴリーは、消費社会化の進行とともにその同一性を溶解させていく。いわゆるバブル景気がはじけ、大規模な景気後退が始まった時期に「若者」カテゴリーがおかれていたのはそのような状況であった。

4　ポスト・バブル期の若者たち

消費社会化の進展を背景に語られてきた若者論と対比したときに一九九〇年代以降の若者論においてきわだつのは強い否定的なまなざしである。もちろん、新人類にせよ、オタクにせよ、一九八〇年代の若者論にあっても否定的な語り口はつねに存在してきた。だが例えば小此木啓吾がそうであったように、若者に独特の生活様式・意識・価値観などは、消費社会への適応としてある程度までは肯定的にもみられてきた。一九九〇年代に小谷敏が編んだ『若者論を読む』において一つの主題となったのは都市の一部の若者に過ぎない「新人類」をメディアが肯定的に評価しすぎているという点であった。つまりそのような批判が若者論において主題となる程度には、若者に対する肯定的なまなざし（羨望も含めて）も広がっていたということだ。

このような「新人類」論に対して、一九九〇年代、特にその後半以降に展開された若者論の多くは、若者を徹底的に否定的に描き出すものであった。この否定的な描写のための枠組としてこの時期に特に重要だったのは治安と労働である。一方において若者は治安を脅かす存在として描き出された。各種犯罪統計が逆のことを示しているにもかかわらず、少年犯罪の凶悪化・一般化・低年齢化が叫ばれた。

それと同時に若者は労働意欲に乏しく、勤労倫理を欠いた存在として描き出された。一九九〇年代後半から問題とされるようになったフリーター、二〇〇〇年代半ばから問題とされるようになったニート（ＮＥＥＴ）。いずれも若者の側の心理的あるいは倫理的な問題としてとらえられ、若者への道徳的な憤激や非難を呼び起こした。各種調査によれば、フリーターにせよニートにせよ、若者の労働をめぐる問題は主として労働市場の変化の問題であることが明確であるにもかかわらずだ。

またこれらの描像と並走する形で若者の友人関係が希薄化しているという言い方も繰り返された。各種の調査をみるかぎり、若者の友人関係が満足度の高い、良好なものにかわってきているのは明確だったのにもかかわらず、である。また希薄化論は、何をもって「希薄な」人間関係とみなすのかについて議論をしないまま、身近な具体例に依拠して批評的な語り口を展開することが多かったために、人間関係の変化について立ち入った議論をする機会を自ら閉ざしてしまったようにもみえる。希薄化論は実は一九七〇年代から語られつづけている若者言説の定番ともいうべきものであるが、その間に実際に起こっていた変化は希薄化だとか濃密だとか、深いとか浅いとかいった軸の立て方それ自体を無効にしてしまうようなものであった。

しかし別の角度からみれば、このような「バッシング」の語りは消費社会化とともに溶解しつつあった若者カテゴリーの輪郭を再度明確に引き直す働きを持っていた。なぜならそれらの語りは、若者自身の中に非難に値する特性をみい出し、その特性によって若者を他の年齢層・世代から区別しようとしていたからだ。このような特性の発見と区別の線引きは、さまざまな実践の組織化をともなっている。

例えば、少年を道徳的に劣化した存在とみなす「少年犯罪凶悪化」言説は、少年法の厳罰化への動きが組織されていく中で重要な一部を占めることになる。またニート・フリーターになってしまう原因を若者の職業意識の低さに見出す言説は、（労働市場や雇用慣行への働きかけではなく）若者の意識や生活習慣に働きかけるような諸政策（「若者自立挑戦プラン」や各種キャリア教育の推進等）へとつながっていった（児美川 2010；南出 2012）。

また、若者の友人関係を希薄だとみなし、その原因を若者の行動の内に見出そうとする視線は、しばしば彼らが用いる新しいメディア機器（あるいはそのための諸サービス）を仮想敵とみなしてきた。このような語り口は、例えば、学校への携帯電話持ち込みの禁止などといった「教育」に関わる諸実践を組織する際に参照されてきたものだ。

だが、これらのバッシングは、若者論が「若者」論たろうとする最後の試みであったとみることもできる。バッシングを通して改めて引き直された若者カテゴリーの輪郭は、まさにそのバッシングを通して再度溶解していくのである。

第一に、バッシングはその強さによって、対抗言説を呼び起こしてしまう（本田・内藤・後藤 2005；浅野編 2006）。そもそもバッシング的な語りはしばしば、社会的諸条件の変化がもたらす語り手の側の不安を若者の上に投影し、若者を過剰に「謎」として描き出すものであった。そのかぎりで、凶悪化する若者も、人間関係が希薄化する若者も、勤労意欲の減退した若者も、いってみれば彼ら（大人たち）の不安が落とした影のようなものにすぎなかった。バッシングがしばしば印象論に終始してしまうのはそれゆえであろう。

対抗言説はまさにこの点に照準する。つまり、印象論を離れてさまざまなデータを眺めてみるならば、若者は彼らがいうようには劣化していない。むしろ変化したのは、社会の側であり、また若者をみる大人の視線の方である、と彼らは冷静に指摘する。例えば、強盗犯が増えたようにみえるのは、「少年犯罪凶悪化」論に後押しされた警察が検挙の仕方を変えたからであり、フリーターが増えたのは、若者自身の意識や価値観の変化というよりは、労働市場が逼迫したためである。あるいは友人関係が希薄化しているようにみえるのは、彼らが人間関係を取り結ぶ際の文脈が多元化したためである、と。

このような説明自体はデータに基づく妥当なものではあるのだが、若者についての議論というよりは、若者をとりまく社会的諸条件の変化について論じるものであった。その語り口が受け入れられれば受け入れられるほど、若者がどのようなものであるのか、という問いは後景に退いてしまうだろう。それは若者カテゴリーの輪郭線を引き直そうとする営みそれ自体を抑止する効果を持っていた。

第二に、特に労働関係の諸施策が押し進められるにつれて、それは対象範囲を拡大し、若者の範囲を曖昧にしていくことになった。施策がはかばかしい効果をあげないまま、対象が年齢を重ねていったため、施策がカバーする「若者」の上限をなし崩し的にあげていかざるをえなかったからだ。本章の冒頭でも触れたように、子ども・若者に関する政府の大綱的な文書（『子ども・若者ビジョン』）において、若者はおおむね三〇代を含むもの（つまり三九歳まで）と定義されている。[6] 若者というカテゴリーを用いて組織された諸実践の帰結が、そのカテゴリーの運用に変化を及ぼし、その積み重ねが徐々にカテゴリーの外延を曖昧にしてきたのである。

このように二つの意味で、バッシングはそれが描き出そうとした若者の像を曖昧化させていった。二〇一〇年代の若者論が立っているのはそのような場所である。若者を論じるということが、この状況においてどのような営みであり得るのか、最後にそれを検討してみよう。

5　若者論の可能性

本章では、まず若者をひとまとまりの集団として、何らかのアイデンティティを見出すことが難しくなっていく過程を確認してきた。若者に固有な何かを見出そうとする視線は、一九九〇年代以降は若者バッシングへと収斂していくのに対して、反バッシング論は変化の原因を社会構造の側に帰属することで、あえて若者に固有の何かを論じることを避けた。後者は、若者を論じているようでいながら、実質的には社会経済的な諸要因の変動について語っている。

それでは、このような状況で若者について論じるというのは、どのようなことなのだろうか。あるいはどのようなことでありえるのだろうか。

まず最初の可能性として考えられるのは、若者論という議論の仕方を放棄することだ。これは、若者というカテゴリーの溶解に対する最もシンプルな態度の取り方といえるだろう。年齢や世代ではなく、ジェンダーや階層、エスニシティなどの属性に注目して意識のあり方、行動や人づきあいのあり方を考えていくことをそれは含意する。吉川徹が明確に指摘したように、もともと社会意識論が社会階層との関連で構想されたものであったことを想起すれば（吉川 2014）、この選択肢は古典的な議論へと回帰することでもあるだろう。(7)

では若者を対象にして論を立てるという枠組を維持するやり方はないのか。そのようなやり方として、今のところ少なくとも次の三つの選択肢が考えられる。

第一の選択肢は、「若者」という概念の、あるいは「年齢」や「世代」という概念の抽象度をあげて、どのような社会においてもそれらが共通にもつ特性に注目しようとするものだ。生まれた子供を年長者が世話すること、年少者を一人前の成員に育て上げること。それらはどのような社会であっても（「子どもの誕生」や「青年の誕生」とは別の、人類学的とでもいうべき水準で）必要な営みである、とこの立場では考える。

移行過程の失調の問題として主題化される若者問題なるものをこのような水準で位置づけてみることもできるだろう。少なくともそれは先進諸社会において共通の現象であるとはいえる。共通性や普遍性をどの水準で設定するのかにもよるが、そこには「若者」を共通の枠組でとらえる余地が残されているだろう。本書でいえば、第四章や第五章などはそのような観点を意識している。

第二の選択肢は、逆に、このような普遍的な「年齢」「世代」の効果が、他の属性によって屈折を受ける部分に着目しようとする。同じ若者でも男女で異なるし、地方と都市でも異なる。出身家庭の階層によっても違うだろうし、学歴によっても違うだろう。それらの違いを加味した、いわば連辞符若者論を展開しうるという可能性にこの選択肢は照準する。

先ほど触れた移行過程の失調という問題にしても、それに対する若者たち自身の生存戦略は彼らがおかれた具体的な環境によって異なってくるだろう。この戦略のバリエーションを明らかにし、それらを比較の視点の下におこうというのが、第二の選択肢のもくろみである。本書でいえば第六章や第七章はこの観点に基づいている。

これら二つの選択肢において「年齢」や「世代」は分析のための変数と考えられている。この見方をいったんわきにおく（あるいはより拡張する）ことで第三の選択肢への道が開かれる。すなわち、「若者」という対象が議論や介入の対象として存在している、という事態がどのように達成されてきたのかにそれは注目する。この達成の仕方を調査・分析の対象に据え直すことで、若者論の別のやり方が開かれる。本書でいえば、第三章はこの観点に基づいている。

注意すべきは、この「達成」の過程に「若者」たち自身も参加しているということだ。例えば先ほど触れた「生存戦略」は社会学者が観察するものというだけでなく、「若者」たち自身が自らを理解したり、語ったり、振る舞いを組織したりする際に参照するものでもある。彼らは、自分たちが「ゆとり世代」「草食系」「さとり世代」などと呼ばれ、そのようにみられ、またそのようなものとして扱われていることをよく知っている（原田 2013）。彼ら自身がそれを前提に振る舞うことが、再度観察者の観察へとフィードバックしていくこと[8]。第三の選択肢において重要なポイントの一つはそこにある。

したがって「若者」というカテゴリー、あるいはそれに結びつけられる諸々のカテゴリーを性急に捨て去る必要は必ずしもない。しかしだからといって、そのカテゴリーをこれまで同様に無邪気に使うわけにもいかない。（もし若者論を続けようとするのであれば）なされるべきは、ここでみてきたような（あるいはそれ以外のさまざまな）やり方で、「若者」を理解するとともにその「理解」を支える「若者」という枠組の有効性を慎重に測りつづけていくことであろう。

注

（1）ヨーロッパにおける青年の誕生を社会史的に跡づけたジョン・ギリスは、このように述べていた。「イギリスとドイツは、その政治体制の差異が明白であるにもかかわらず、社会的にはともに『青年』を国民の中の従属的で依存的な部分として定義づけるという、同一の一般的な方向に向かって動きだしていた。」（Gillis 1981=1985：245）

よく似た過程が明治期の日本でも進行したということだ。その意味では青年の誕生は資本主義の発達と国民国家の成立という相伴って進行した二つの変動の一部をなす、歴史的に標準的な過程であったといえるかもしれない。

（2）他方、男性の側も「『男らしさ』や『強さ』という明治時代第一世代の男たちがもっていた価値観にも背を向け」（平石 2012：194）、新しい男性像を生み出そうと試みていた。森田草平の『煤煙』はその一つである。

（3）もちろん政治と文化とがそれほど明確に分けられるわけではない。毛利嘉孝や五野井郁夫が指摘するように、一九八〇年代のある種の文化活動はそれ自体が政治的な志向性を持ってもいた（毛利 2009；五野井 2012）。

（4）ジャーナリストの堀井憲一郎は、手作りから消費へという流れを若者のクリスマスの変容に見て取り、これを印象深く描き出している（堀井 2006）。

（5）ただし一九八〇年代の文化について前半の暗さ（アングラな香りのする鬱屈）と後半の明るさ（消費社会的なくったくのなさ）とを対比させる批評家も少なくない点には注意が必要かもしれない。例えば、香山（2008）、毛利（2009）など。

（6）そもそも厚生労働省（労働省）はそれ以前から、若年労働者の年齢規定と呼び名を変更してきた歴史を持つ（Toivonen 2011）。すなわち、一九六〇年代から七〇年代にかけての「青少年」（一五歳から一九歳）は、一九八〇年代の「青年」（一五歳から二四歳）、一九九〇年代の「若者」（一五歳から二九歳）を経て二〇〇〇年代の「若年層」において三四歳までを含むようになった。

（7）もっとも吉川によれば、所属階層についての人々の認知が近年より正確になってきているのと同時に、階層によって明確に規定されるような価値観（「主義」「イズム」）が見出しにくくなってきているという。

（8）そこにはいわゆるループ効果が生じている（Hacking 1995=1998）。分析対象としての若者を切り出すこととの間にある独特の循環関係はそれ自体分析の対象となるべきものである（小川 2014）。

文献

浅野智彦編（2006）『検証・若者の変貌』勁草書房
古市憲寿（2011）『絶望の国の幸福な若者たち』講談社
Gillis, J. R.（1981）*Youth and History: Tradition and change in European age relations 1770-present*. Academic Pr.（=1985 北本正章訳『〈若者〉の社会史　ヨーロッパにおける家族と年齢集団の変貌』新曜社）
五野井郁夫（2012）『「デモ」とは何か』、ＮＨＫ出版
Hacking, I.（1995）*Rewriting the Soul*, Princeton University Press（=1998 北沢格訳『記憶を書き換える』早川書房）
原田曜平（2013）『さとり世代』角川書店
平石典子（2012）『煩悶青年と女学生の文学誌』新曜社
本田由紀・内藤朝雄・後藤和智（2005）『「ニート」って言うな！』光文社新書
堀井憲一郎（2006）『若者殺しの時代』講談社現代新書
香山リカ（2008）『ポケットは80年代でいっぱい』バジリコ
吉川徹（2014）『現代日本の「社会の心」』有斐閣
木村直恵（1998）『〈青年〉の誕生』新曜社

北村三子（1998）『青年と近代　青年と青年をめぐる言説の系譜学』世織書房
児美川孝一郎（2010）「『若者自立・挑戦プラン』以降の若者支援策の動向と課題」『日本労働研究雑誌』No. 602
南出吉祥（2012）「若者支援関連施策の動向と課題」『岐阜大学地域科学部研究報告』第30号
見田宗介（2011）『定本　見田宗介著作集　1』、岩波書店
三浦雅士（2001）『青春の終焉』講談社
宮台真司（1994）『制服少女たちの選択』講談社
溝上慎一（2010）『現代青年期の心理学』有斐閣
毛利嘉孝（2009）『ストリートの思想――転換期としての1990年代』日本放送出版協会
難波功士（2007）『族の系譜学』青弓社
NHK放送文化研究所編（2008）『現代社会とメディア・家族・世代』
小川豊武（2014）「戦後日本における『青年』『若者』カテゴリー化の実践」『マス・コミュニケーション研究』84号
岡義武（1967a）「日露戦争後における新しい世代の成長」(上)、『思想』512号、岩波書店
岡義武（1967b）「日露戦争後における新しい世代の成長」(下)、『思想』513号、岩波書店
田中康夫（1980→1985）『なんとなく、クリスタル』新潮文庫
Toivonen, Tuukka（2011）“NEETs: The strategy within the category”, Goodman, R., Imoto, Y. and Toivonen, T. eds., *A Sociology of Japanese Youth*, Routledge
山田真茂留（2009）『〈普通〉という希望』青弓社

あとがき
青年文化の現代的展開と可能性

川崎賢一

1　情報環境と青年文化

青少年研究会が積み重ねてきた貴重な研究成果は以上のようなものであったが、今後の研究で考慮しなければならない重要な要因を、二つだけ指摘しておきたい。

第一に、対外的な要因である。日本の近代社会は、第二次大戦後において、最初の占領期間を除いて、外国人による影響は大きいとは言えなかった。せいぜい、全人口の一ないし二％程度にとどまり、また、社会的なポジションも支配階層を左右するほどのことはなかった。それ故に、グローバル化が全体的に進行し始めた一九九〇年代初頭から二〇一〇年頃までは、本格的にその対策をとろうとしてこなかった（その一つの帰結が〈失われた一五年〉とか〈失われた二〇年〉という分析であろう）。しかしながら、皮肉にも、円安とアベノミクスを一因として、二〇一五年には二〇〇〇万人近くの海外旅行客が押し寄せるようになり、二〇〇万人程度の外国人が日本の労働市場で活躍するようになった。まだ、始まったばかりであるが、日本の国内でもようやく本格的に〈グローバル化〉に対処しなければならなくなった。青年世代や青年文化にも、これらの影響ははっきりと出てくるだろう。日本の国内の要因だけで分析できる部分が少なくなっていくように推測される。

それから、もう一つは、情報・コミュニケーション技術（ＩＣＴ）の継続的発展による変化の影響である。今までは、部分的に、コミュニケーション上の影響はみられるものの、はっきりとした独立変数として語れないと分析されてきた。この点は、基本的な事実である。しかしながら、二つの点で十分な見方ではない。一つには、ＩＣＴ技術の進展の急激さと広範さである。一九七〇年代以降進んできた技術革新は、既に三つ目の波を迎え、コミュニケーションそのもの、情報や知識の在り方を大きく変えようとしている。例えば、インダストリー４・０（ドイツ）やインターネット・レボリューション（アメリカ）などの、産業構造の新しい変化が競われ、ソフト・ハードの技術開発が高度化し、かつ、商業的に成り立ちつつあり、その結果として、環境的には、スマートシティに代表される、社会システムそのもののＩＣＴ化がみられ、そこでは、人工知能（ＡＩ）やＩＯＴなどにより、情報システムそれ自体の構造と機能が大きく様変わりしてきた。要するに、その内容がようやく本格的に、近代的な生活の隅々にまで届こうとしている。この技術の影響は全般的なものであるが、特に青年世代は適応能力が高いことと初期段階から白紙で対応できることから、彼らが最もその影響を受け、また、大きく文化そのものを変えることができる可能性を持っている。第二に、ICT技術は、極めてさまざまな性質を持ち、しかも、インフラとして機能することが多く、独立変数としてよりも、より背景的・媒介的な役割を果たすという特色があり、我々の考え方・背景・利用ディバイスの継続的変更（トランスフォーメーション）を余儀なくさせるだろう。したがって、この点を考慮に入れて、調査・研究がなされる必要性があるだろう。

特に、青年個人と情報ディバイスやその発する情報そのものとの関係を、質的に見直す時期が訪れている。複雑で重要な自己―他者像や関係は、基本的に、対面的関係を通じて形成されてきた。それが、人間社会での暗黙の前提であった。しかしながら、一九九〇年代以降のインターネットの発達、ソフトウェアの高度化、人工知能の実用化などにより、人間と情報システムとの関係が、対面的関係と同様に重要な機能を果たすようになってきた。場合によっては、人によっては、この第二次的関係、あるいは、新しい自己―情報複合関係の方が、日常的で重要だというケースも一般的になりつつある（特に、ICT系の研究者世界や、日本や韓国の青年たちにはこの傾向が強いようにみえる）。かつての親子関係（父・母・息子・娘などを構成要素とする複合的心理（コンプレックス））と関係）・友人関係・恋愛関係などに、それらの新しい複合関係が、入り込んだり、媒介したり、複合したりするようになったのである。例えば、Facebook、ツイッター、LINE、スカイプ、その他の

SNSなどは、その典型的な例であり、今後さらに複雑に発展をしていくものと考えられる。

これらの情報との複合関係は、情報システム（ハードなネットワークとソフトなプログラム、そして、スマホのようなディバイスから構成される）を、常識かつ当たり前な前提として、複合関係の重要な特質である溶解的関係（情報との一体化や同期を体験した、自己―情報関係に基づく心理的情報的複合体）を確立し、複雑化、発展してきた。この本においても、時折部分的にこの点に触れてきたが、この体験には、投影・感情・思考・想像などのさまざまな心理的事象が含まれる。大切なのは、これらの経験や関係の価値判断ではない。むしろ、まず、事実として直視する必要がある。いわば、新しい相互的関係を冷静に、プラスとマイナスを公平に分析していく必要があるだろう。ついに、そういう段階に、人類社会が突入したのであろう。

2　青年文化の転換点――グローバルな文脈で

ところで、本書は、一九八〇年代から継続してきた青少年研究会の共同調査・研究の成果を元にしている。その間、多くの共同の著作が出版されてきた。基本的には、調査結果に基づき、多くの共同討論を経て、調査などで得たデータをもとに分析がなされてきた。しかし、三〇年以上にわたる研究の歴史において、十年間に一遍くらいの割で、（きちんと数字で示したり、正確に論証したりすることは難しいが、研究者の直観として）青年文化が大きく変わると判断できそうな経験をすることがある。例を三つほど通年的に出そう。第一に、一九六〇年代末から七〇年代前半にかけて、日本各地の大学を中心にして、青年世代がそれまでの近代化路線を突っ走る大人世代に〈NO〉を突き付けた〈価値革命〉を挙げたい。官僚的で効率的な近代社会から、〈愛と共同性〉に基づく社会への復帰という意味合いがあった。しかし、それはできない相談だった。近代から先へ進むことにならざるを得なかった。

第二に、話のスケールは小さいかもしれないが、のちの親密な関係、特に男女関係に及ばした地殻変動がある。それは、一九八八年の性行動調査の結果である。性教育協会の調査は、地味ではあるが、極めて誠実に学生に即して定期的に実施されてきた調査だ。そこで、初めて、男女の性行動率が逆転したのが一九八八年である。それまで、〈男性中心・男性優位〉な性文化が、初めて、そうでなくなったのである。その後、この逆転の逆転はない。いってみれば、〈女性が動いた〉のである。こののち、マザコン男性や草食系男子などが現れたのは、この基本的動向の変化に基づいているといえよう。日本における、〈親しさのトランスフォーメーション〉が起きたのである。（〈財〉日本性教育協会編 1988a, 1988b）

そして、最後に、二〇一〇年代に入っての満足度調査を挙げることができる。この調査は、NHK放送文化研究所が中・高生を対象に、一九八二年から五年ないし一〇年おきに行なっている全国調査であり、最新は二〇一二年に行われたものである。今回最も重要視されている結果は、彼らの九割以上が幸せだと回答している点だという。かつてない高率回答であるらしい。その理由を、専門家たちを交えて分析したのが公表されている報告書である。それによると、彼らは、①学校でのいじめは相変わらずあるし、②成績のよさは親の文化階層に左右されているが、その一方で、③男女の役割意識については平等を重視し、家庭内協力を大切に考えるようになり、④ネットでお互いにつながっていて、⑤九割以上が幸福感を彼らの生活に感じているという。この最後の点については、報告書に登場する専門家たちは、失われた二〇年に生まれ育ったにもかかわらず、幸福感を持っているが、ただ、〈身近しかみない幸せ〉に過ぎないとしている。これに対して、若手の社会学者古市憲寿は、同じ報告書の中でインタビューに答え、専門家たちとは一線を画する分析をしている。要約すると「豊かな社会の豊かな親が育てた〈いい子〉たち」ということで、スクールカーストなどの新しい問題がありながらも、彼らを肯定的に評価している。彼の分析で興味深いのは、今回の結果で〈かなり幸福〉という答えよりも〈とても幸福〉と答えている比率の高さを指摘している点である（中学生で五五％、高校生で四二％）。（NHK放送文化研究所編 2013）

これらの分析結果は、単に幸福感が極端に高いということだけではないように思う。もう少し、大きな地殻変動のようなものを私自身は感じる。この点をもう少し掘り下げて分析してみたい。その素材として、私が一九八三年に分析をした論文で指摘したポイントを比較の軸としてみていきたい。当時はまだ、NECのパーソナルコンピューターがようやく普及し始めた時期で、ソフトウェアも一太郎という日本語ソフトが全盛を極め、ワードがようやく出回りだしたころだったが、すでに現在と同質の〈自己―情報関係〉は既に始まっており、その関係が社会や文化に本質的な変化をもたらそうとしている空気が、現在と非常によく似ているからである。どういう点が問題で、どう変化し、どうなっていくのかを考えよう。

ポイントは三つだ。まず、〈視覚文化の発展〉である。一九八〇年代はまだカメラ・ビデオ等はアナログだった。しかし、確実に自分たちの周りを視覚的に経験できるようになっていった。その後、視覚的メディアはデジタル化し、パソコンに取り入れられるようになっていく。しかも、携帯電話からスマホへの移行によって、視覚情報を極めて扱いやすくなった。また、インターネット上ではSNSを介して（You Tubeなど）、視覚情報を楽しめるようになった。決定的な変化といえよう。その結果、見かけ上の価値が大いに高まり、見栄えのするあるいはみて面白い情報の価値が高まった。形やスタイルが基本的に尊重される文化が成立・発展しているといえよう。しかし、この点は、さしあたりの入り口だと思う。

第二のポイントは、今までの人間が常識としてきた自己―客体関係が大きく変化し、今までの〈主体―現実のモデル的客体〉関係に、〈主体―情報によるモデル的客体〉関係が付け加わっていくことだ。前者は、実経験・固有意味・感情を基礎とした経験であるのに対して、後者は象徴的経験・変換意味・知能的情報に基づく経験である。後者に関しては、今までは主に知識人や学者などを中心にごく一部の階層の人々が享受してきた経験である。それが一挙に、パソコン・ネット・スマホなどを操作できる人々の間に広まったのである。

第三のポイントは、この二つの関係モデルの〈関係〉である。前者は〈主体― attached なモデル的客体〉関係であり、二重の現実的バランスを持つ。それに対して、後者は〈主体―detachedなモデル的客体〉関係であり、操作性・能動性・道具性が優位する性質がある。もう少しわかりやすくいえば、前者は、常に対象に両面を感じ、両極からのバランスを必要とするような関係であるのに対して、後者は、どう扱うか・どうかかわるのか・どう利用するのかという関心で済むような関係である。問題は、この二つの関係のコンプレックス（複合体）が、現代の我々の新しい自己―客体関係に付け加わったことである。つまり、親密さを代表する、マザコンやファザコンに、この〈情報コンプレックス〉が付け加わったのである。ということは、今までのように、単にバランスの問題では済まなくなったということである。最初から、ハイブリッドな基準が存在することになる。〈人がいい〉だけでは済まなくて、〈どう儲かるか〉and／or〈どう貢献するのか〉が裏表の関係で付け加わる基準となる。今まで多くの人類が経験しなかった、新しい複合的関係だろう。

我々の社会は、これらの新しい情報処理様式を内面化しつつ、自己―他者関係に取り入れつつある。スマホ依存や情報労働の拡大などは、この具体的な変動の典型例である。青年たちは、生まれてからこの方、これらの情報環境の中で育ち、生き抜いてきた最初の人々である。彼らがどう考えて、どう制御して、よりよい文化を作っていくかが、本当に問われつつあるのである。

しかし、もう少しこれらの変化の背景を考えておく必要もあるだろう。我々人類の歴史をひもとけば、西欧社会が近代を生み出し、二〇世紀に入るとアメリカ社会が世界を先導した。第二次大戦の戦勝国を中心にして国際社会が形成され、日本社会も一九五〇年代後半に国際社会に復帰して、いわゆる先進国を中心に、個人的人権・文化権・著作権などを確立して、それをグローバルな基準に膨らませてきた。その一方で、一九八〇年代くらいからいわゆる発展途上国が分化をして、BRICS諸国プラスナイジェリア・インドネシア社会を先頭に台頭してきて、ようやく地球社会と呼べそうな段階に入り始めている。それらの社会において、グローバルシティを中心にグローバル文化が確立しつつあり、良くも悪しくもその影響と支配下に置かれようとしている。新しい情報文化はインフラを提供し、特に、マイクロソフト・アップル・アマゾン・グーグルを中心とする新しい情報処理システムの提供は、人類に新しい認知的プラットフォームを確立し、急激に発展させつつある。また、その一方で、情報システムはかつてない速度と規模で発展を遂げ、科学技術の連続的革新が続くようになった。その結果、吉田民人などが主張してきた〈第二次科学革命〉と呼べるような状態が出現しつつある。社会や文化は、データ化され、デジタル技術が多様化・深化し、極めて巨大で高速の情報処理システムが確立し、なおかつ、大衆化しつつある。スマホやネットを用いた消費や情報行動は、いわゆる知識社会の末端であり入り口でもある。多くの情報は、サーバーやクラウドを通じて蓄積され、莫大なデータは〈ビッグデータ〉と呼ばれ、大衆的にはポピュラー化された統計学的知識により扱われるようになった。我々の眼前にあるのは、単に対面的現実だけでなく、大量なデータに基づく情報的現実でもある。後者においては、検索エンジンで膨大な情報とそこからもたらされるオプションを選り分けたり、あるいは、たくさんの根拠薄弱なネットのランキング情報から選択したりするような社会でもある。過去の現実と新しい情報的現実が、ハイブリッドに機能してきているのである。青年たちは、このような新しい複合的現実の中で、羽ばたこうとしている。

話をもとの文脈に戻そう。したがって、二〇一二年の世論調査の幸福感の高さは、単に、一九九一年のバブル経済の崩壊以降の低成長しか知らない、そして、幸せな両親に育てられてきたという要因だけで説明がつくのではない。幸せを感じるもとになるインフラ、正確には、認知環境あるいは自己―情報関係が大きく変わって、経験的には、きわめて極私的な社会環境の下に、情報環境的には、自己の欲求をいろいろと満たしながら、操作的な対人関係を築きながら、概ね〈ほどほどの満足感に浸りながら〉成長を遂げてきたことの証である、という側面があるのではないだろうか。

アメリカ社会：知識システムと金融資本主義の融合によるプラグマティズム
ヨーロッパ社会：道具思考と連帯指向による内的革新とコスモポリタニズムの前進
日本社会：社会に溶解し、情報的世界で超越する消費的個人主義とネット的集団主義のコンビネーションによる新しい複合文化
イスラム国家：情報システムと宗教的原理のコンビネーションによる超越指向

ここでは、特に、日本社会についてさらに追加して述べておきたい。日本の社会においては、確かに、上記の二つの現実が複合し、さらに、〈図と地〉の逆転が起きているように見える。つまり、

スマホやネットへの依存度が極めて高い社会に転換しつつある。基本的には、程度問題かもしれないが、このタイプの社会としては、他に韓国を挙げることができるだろう。日本の場合は、一つの仮想的現実における超越性とその仮想的現実に対する溶解体験の自明化が起きているようにみえる。つまり、情報的超越性と溶解体験の自明化との並立ないし融合というのが経験的レベルの記述になるだろう。別の言い方をすると、一方で個人主義的想像力が情報的世界で発揮され、現実の領域では、LINE に代表されるようなネット集団主義と既存の社会秩序に対する適応としての溶解体験が機能しているといえないだろうか。

3　青年文化の可能性

実は、この先の話が問題なのである。常識的な社会学の説明からは逸脱するかもしれないが、社会学的想像力を駆使して、思い切って考えたことでもある。先に述べたように、我々の情報環境は高度化して、第二次科学革命の創造を超えた状況に一部で突入しようとしている。しかも、産業化を伴いながら、短期間に急激に、グローバルシティの中心的な人々と、彼らが創造したものを消費する人々によって。肝心なことは、スマホの向こう側にあるような気がする。つまり、今回の革命では、人間にとってコミュニケーションそれ自体が高度化・高速化・複合化してきている。その中核は〈相互性〉だ。個々の人間にとって、好きとか嫌いとかを超えて、その相互性の中身が変化させられてきている。人間にとらわれないで考えると、ペットやキャラものを好み、さまざまなロボットに親近感をいだき、スマホに触りながら、感覚的に連続感と現実感を強く持つ、このような現実の先に何があるのだろうか。私はロボットクリエーターの高橋智孝（東大先端研）がいうように、「一人一台、小さな相棒ロボットを……持ち歩き、携帯やスマホに変わる新しい情報端末になる」（『ひととき』二〇一五年四月号、ウェッジ：三六頁）というのが、現実的で有力な一つの方向として考えられるように思う。スマホは既に十分高度化した。しかし、音声認識などはこれから開発が進んでいくだろう。自分や自分たちの好みに従って開発されたプログラムで、簡単に自分と対話でき、情報処理できるようになるだろう。今まで、対面的行動に縛られていたコミュニケーション行動が大きく変わろうとしているのだと思う。もちろん、この大きな変化には、プラス面とマイナス面が伴うだろう。しかし、経済的な利益になり、人間にとって利便性のあるものであれば、価値や規範を超えて普及するのはある種の社会法則であり、不正確な定義かもしれないが〈進化〉という概念にはそういった含意もあると思う。いつの時代でも、新しい革新は、想像できないところや望ましいと思えないような角度から起きてくるのだとも思う。かつて、M・ウェーバーが〈周辺革命〉と述べたのと同じ事が、認知環境に起き、そこから、我々の現実が変わろうとしているのだろう。その結果、今まで人間だけで構成されてきた、経済・政治・社会・価値などに、情報処理機械や人間との複合的実体が含まれるようになっていくだろう。しかも、コンピューターによる巨大な情報処理技術とその機械間をつなぐ技術の圧倒的な進展で、人間以上の情報処理ができるようになってきた。ただ、彼らの処理の仕方と生身の人間の脳内での処理の仕方は大きく異なるので、新しくできつつある複合的環境を人間にとってうまく・気持ちよく制御できるとは限らない（IOTやスマートシティなどがその例といえるだろう）。個人のレベルで目にするのは、ソフトなインターフェースの商品であっても、その背後にある巨大な複合体は、極めて激烈な競争と過酷で残酷な科学技術競争の中で生成されていることを忘れることはできない。人間や組織はこの厳しい現実にも適応していかなくてはならないのである。現代青年文化は、その最初の本格的な対応様式を築こうとしているということができるのではないだろうか。今を生きる青年たちは、新しい環境に対して、勇気をもって進んでいって欲しい。

文献

浅野智彦編（2006）『検証・若者の変貌』勁草書房

藤村正之・浅野智彦・羽渕一代編（2016）『現代若者の幸福――不安感社会を生きる』恒星社厚生閣

岩田考・羽渕一代・菊地裕生・苫米地伸編（2006）『若者たちのコミュニケーション・サバイバル――親密さのゆくえ』恒星社厚生閣

川崎賢一（1996）「青年期の社会学――グローバリゼーションと青年期・青年文化」『岩波講座現代社会学第9巻　ライフコースの社会学』岩波書店

NHK放送文化研究所編（2013）「NHK中学生・高校生の生活と意識調査」NHK出版

青少年研究会（2004）「都市的ライフスタイルの浸透と青年文化の変容に関する社会学的研究」科学研究費補助金研究成果報告書

高橋優悦編（1987）『青年そして都市・空間・情報』恒星社厚生閣
高橋優悦・川崎賢一編（1989）『メディア革命と青年』恒星社厚生閣
高橋優悦監修（1995）『都市青年の意識と行動』恒星社厚生閣
富田英典・藤村正之編（1999）『〈みんなぼっち〉の世界』恒星社厚生閣
（財）日本性教育協会編（1988a）『中学・高校・大学生の性行動白書』小学館
（財）日本性教育協会調査・編（1988b）『青少年の性行動（第3回）』日本性教育協会

執筆者紹介（＊は編著者）

川崎賢一（かわさき　けんいち）＊第一章、第七章、あとがき

1953 年生まれ。東京大学大学院社会学研究科博士課程中退。
現在、駒澤大学グローバル・メディア・スタディーズ学部教授。
主著　『トランスフォーマティブ・カルチャー』（2006 年，勁草書房）

浅野智彦（あさの　ともひこ）＊はしがき、第二章、終章

1964 年生まれ。東京大学大学院社会学研究科博士課程単位取得退学。
現在、東京学芸大学教育学部教授。
主著　『検証・若者の変貌』（編著，2006 年，勁草書房）
　　　『「若者」とは誰か』（2013 年，河出書房新社）

小川豊武（おがわ　とむ）第三章

1981 年生まれ。東京大学大学院学際情報学府修士課程修了。

現在、昭和女子大学人間社会学部専任講師。

主論文　「若者言説はいかにして可能になっているのか」『年報社会学論集』(27)

　　　　(2014年, 関東社会学会)

　　　　「戦後日本における『青年』『若者』カテゴリー化の実践」『マス・コミュニケーション研究』(84)（2014 年，日本マス・コミュニケーション学会）

羽渕一代（はぶち　いちよ）第四章

1971 年生まれ。奈良女子大学大学院人間文化研究科博士課程単位取得退学。
現在、弘前大学人文学部准教授。
主著　『どこか〈問題化〉される若者たち』（2008 年，恒星社厚生閣）

木村絵里子（きむら　えりこ）第五章

1977 年生まれ。日本女子大学大学院人間社会研究科博士後期課程単位取得満期退学。博士（学術）。

現在、日本女子大学人間社会学部学術研究員、学習院女子大学・武蔵野大学兼任講師。

主著　「『情熱』から『関係性』を重視する恋愛へ——1992 年，2002 年，2012 年調査の比較から」『現代若者の幸福——不安感社会を生きる』（2016 年，恒星社厚生閣）

「〈皮膚〉へのまなざし——20 世紀初頭における衛生学と〈女性美〉」『日本女子大学大学院人間社会研究科紀要』(22)（2016 年，日本女子大学大学院人間社会研究科）

辻　泉（つじ　いずみ）第六章

1976 年生まれ。東京都立大学大学院社会科学研究科博士課程単位取得満期退学。博士（社会学）。

現在、中央大学文学部教授。

主著　『ケータイの 2000 年代——成熟するモバイル社会』（2014 年，東京大学出版会，共編著）

FANDOM UNBOUND: OTAKU CULTURE IN A CONNECTED WORLD（2012, Yale University Press, 共編著）

索　引

ア　行

カ　行

タ　行

ナ　行

ハ　行

マ　行

ヤ　行

ラ　行

ワ　行

〈若者〉の溶解

2016年10月25日　第1版第1刷発行

編著者　川《かわ》崎《さき》賢《けん》一《いち》
　　　　浅《あさ》野《の》智《とも》彦《ひこ》

発行者　井村寿人

発行所　株式会社　勁《けい》草《そう》書房

112-0005 東京都文京区水道2-1-1　振替　00150-2-175253
（編集）電話 03-3815-5277／FAX 03-3814-6968
（営業）電話 03-3814-6861／FAX 03-3814-6854
本文組版 プログレス・堀内印刷・松岳社

ISBN978-4-326-65404-8　Printed in Japan

http://www.keisoshobo.co.jp